LABORATORI E ATTIVIT

Montessori

IN CUCINA

Crediti fotografici

© Sandra Mahut - © Lois Moreno - © Marine Poron - Shutterstock

Accessori cucina in taglia baby
No Milk Today – 28 bis, rue des Remparts d'Ainay, 69002 Lyon –www.nomilk-today.com
Mobili della cucina
Bulthaup KVA – 36, rue Auguste-Comte, 69002 Lyon – www.kva.bulthaup.com
Tovaglie e grembiuli
Boutique Le Bar à Linge – 21, rue de la Charité, 69002 Lyon – www.baralinge.com
Cupcakes, biscotti e dolci
Little Petits Gâteaux – 30, rue des Remparts d'Ainay, 69002 Lyon – www.little-petitsgateaux.com
Prodotti bio e naturali
La Vie Claire – 40, rue de la Charité, 69002 Lyon – www.lavieclaire.com
Enoteca e specialità
La Cave des Voyageurs – 7, place Saint-Paul, 69005 Lyon – www.lacavedesvoyageurs.fr
Bar - Ristorante
Café Bourbon – 28, rue des Remparts d'Ainay, 69002 Lyon – http://cafebourbon-lyon.fr
Restaurant Thomas – 6, rue Laurencin, 69002 Lyon – www.restaurant-thomas.com
Specialità di macelleria e gastronomia
Boucherie Bello – 54, rue de la Charité, 69002 Lyon – www.boucherie-bello.fr

www.rededizioni.it

Traduzione di Silvia Meroni dall'originale francese
Grandes apprentissages Montessori pour petites mains,

Stampa: Starprint

red! è un marchio Il Castello Srl
Via Milano 73/75 - 20010 Cornaredo (MI)
Tel. 02 99762433
www.ilcastelloeditore.it

AUDREY ZUCCHI

Fotografie di Sandra Mahut e di Lois Moreno

LABORATORI E ATTIVITÀ *Montessori* IN CUCINA

red!

INDICE

INTRODUZIONE

Fare un vulcano con il purè.
Affondare le mani nella farina morbida.
Riuscire a sbucciare un mandarino tutto in una volta.
Rivolgere al fratellino uno sguardo pieno di comprensione il giorno del cavolfiore gratinato al forno.
Leccare la frusta da cucina appena immersa nel cioccolato fuso.
Intingere una fettina di pane nell'uovo alla coque (dopo aver accuratamente tolto la "calotta").
Mangiare la pasta brisée cruda.
Fare gli orecchini con le ciliegie.
Domenica pollo arrosto. E mercoledì ravioli.

È ancora tutto vivo nella nostra memoria! A distanza di trent'anni, sappiamo bene che importanza abbiano i ricordi d'infanzia, le sensazioni, le emozioni, gli odori e i sapori legati alla cucina e ai momenti trascorsi in famiglia. Dopo essere diventati a nostra volta genitori, ci rendiamo conto di quanto sia fondamentale il nostro ruolo di "custodi" dell'alimentazione per la salute dei bambini, ma quello che avviene in cucina e a tavola va ben al di là di questo!

Non posso fare a meno di pensare che nel considerare l'educazione come "aiuto alla vita", Maria Montessori avrebbe probabilmente incoraggiato i genitori di oggi ad aprire la cucina ai bambini: qui, le loro piccole mani sono in grado di fare grandi cose!

Ci vorranno solo un minimo di pratica e un ambiente pensato a misura di bambino per trasformare queste attività in un prezioso contributo alla crescita. Luogo ideale di ogni genere di sperimentazioni e manipolazioni, la cucina vi permetterà di proporre in modo spontaneo tutta una serie di attività Montessori in grado di apportare, dal cervello allo stomaco, numerosi e straordinari benefici.

Avete mai pensato, per esempio, come l'azione di impastare possa contribuire a sviluppare la muscolatura della mano e, anche, favorire una corretta prensione della penna?

O al fatto che sgranare i piselli richieda una grande capacità di concentrazione, che si rivelerà molto utile a scuola? O, ancora, che l'esecuzione di una ricetta sarà un'ottima occasione per ampliare il vocabolario ed esercitarsi in modo divertente sulla corretta pronuncia delle parole? E che i calcoli, le addizioni, le proporzioni necessari, per esempio, per dosare gli ingredienti permettono di applicare concretamente la matematica?

Partecipare alla Vita, quella Vera, è uno dei principi basilari del metodo Montessori.

Invitando il più spesso possibile vostro figlio a collaborare alla preparazione dei pasti, avrete a disposizione un modo pratico, efficace ed estremamente coinvolgente per stimolare l'apprendimento, sviluppare la sua abilità manuale, favorire lo sviluppo delle sue funzioni esecutive... E sono pronta a scommettere che tutto ciò si integrerà in modo del tutto spontaneo nella vostra quotidianità, a vantaggio di tutta la famiglia!

Le intuizioni di Maria Montessori sono state approfondite e ampliate grazie agli studi condotti nell'ambito delle neuroscienze. Ho avuto la fortuna di incontrare esperti di alto profilo che hanno condotto ricerche dai risultati sorprendenti. Grazie ai contributi di questi specialisti, riuscirete a comprendere meglio i meccanismi che regolano lo sviluppo cerebrale dei bambini, capirete "come" imparano e individuerete le strategie da mettere in atto a casa vostra per facilitare i loro apprendimenti. Scoprirete – magari con un certo sollievo – che TUTTI i bambini sono soggetti al rifiuto di particolari alimenti... ma che esistono anche metodi semplici e molto efficaci per accompagnarli alla scoperta dei cibi. Vi accorgerete che la cucina può essere una fonte di gratificazione personale perché richiede una grande capacità di concentrazione. Potrebbe persino diventare una preziosa opportunità di espressione creativa, capace, allo stesso tempo, di trasmettere valori fondamentali per il futuro dei bambini e di tutta la nostra società. Affidatevi alla guida di questi esperti: i loro interventi sono appassionanti e istruttivi, e vi forniranno gli strumenti utili per rivoluzionare la vostra sfera quotidiana senza mai perdere di vista il piacere della scoperta!

Un pizzico di Montessori, uno spruzzo di neuroscienze, un mestolo di educazione positiva, poi fate cuocere il tutto a fuoco lento... "Che si mangia staseeera?" diventerà una delle domande più stimolanti che risuoneranno a casa vostra!

Applicare il metodo Montessori in cucina

Agli inizi del XX secolo, una donna straordinaria, illustre scienziata, umanista, visionaria, dedicò la propria vita alla comprensione dei meccanismi che regolano lo sviluppo del bambino. Dalle sue osservazioni e sperimentazioni nacque un metodo pedagogico destinato non solo a rivoluzionare i tradizionali sistemi educativi, ma anche a modificare profondamente l'atteggiamento degli adulti (genitori, insegnanti ecc.) nei confronti dei bambini.

Estranea a una concezione dogmatica del bambino in quanto individuo privo di sapere a cui l'adulto è tenuto a trasmettere le proprie conoscenze, Maria Montessori sostiene che «il maestro È il bambino» (è anche il titolo di un documentario realizzato da Alexandre Mourot nel 2017): il suo sviluppo intellettivo è regolato da un programma interno di cui il bambino è l'unico a stabilire il ritmo e che si realizza pienamente solo in presenza di un ambiente esterno stimolante e sapientemente concepito per permettergli di crescere in autonomia. Portatore di una straordinaria energia vitale, ogni bambino sarebbe pertanto dotato di un enorme potenziale che chiede solo di esprimersi e di meritarsi la fiducia dell'adulto.

«Liberate il potenziale del bambino e trasformerete il mondo insieme a lui.»

Maria Montessori

Se oggi si parla tanto di pedagogia Montessori, soprattutto in rapporto con i metodi applicati nell'ambito dell'educazione scolastica, sono convinta che ciò avvenga perché essa rappresenta un'illuminante fonte di ispirazione per tutti i genitori nonché un solido punto di riferimento sotto molti punti di vista. Più che un "metodo" (nel senso più comune del termine, che attribuisce grande importanza al materiale utilizzato o alle regole codificate), i genitori dovrebbero vedere, nel sistema educativo montessoriano, anzitutto una "filosofia di vita" da applicare con i propri figli.

Nella sfera familiare, le scoperte di Maria Montessori ci incoraggiano infatti a capire meglio i bisogni del bambino e quindi a rispondere in modo più efficace a tali bisogni: adattare l'ambiente domestico per metterlo alla sua portata consentendogli di sperimentare in totale autonomia o adottare come genitori un atteggiamento di "guida-osservatore" rappresentano due risposte fondamentali. Come anche proporre attività che abbiano attinenza con la "vita reale" e che permettano al bambino di sentirsi a tutti gli effetti un membro della famiglia (e non un essere inferiore dipendente dagli altri o esclusivamente dedito ad attività ludiche), capace, in base alle sue capacità, di soddisfare i propri bisogni o di concorrere al benessere generale della famiglia.

Queste attività di "vita pratica", come vengono chiamate nelle scuole Montessori (per esempio pulire il tavolo, stendere il bucato, comporre un mazzo di fiori, tagliare le carote o indossare le scarpe da soli), assumono particolare importanza quando vengono realizzate in ambito familiare, dove acquisiscono un autentico significato! Non abbiate dunque timore di assegnare a vostro figlio responsabilità "reali" né di impegnarvi insieme a lui in un vero "lavoro"... Vi accorgerete che queste attività non solo faciliteranno la vostra vita di genitori, ma costituiranno anche un'occasione di arricchimento e di crescita personale per i bambini dai 18 mesi ai 6 anni... e anche oltre!

Dall'apprendimento dei gesti e delle abilità necessari alla cura della propria persona (toilette, abbigliamento ecc.) alla partecipazione ai lavori domestici (spolverare, pulire, asciugare con una spugnetta ecc.), le proposte sono numerose e contribuiscono a strutturare il cervello del bambino, oltre che a sviluppare la sua autostima. Per quanto riguarda le attività da svolgere in cucina, esse costituiscono un campo di sperimentazione tanto entusiasmante quanto gratificante, in grado di rivoluzionare la vostra vita familiare!

Perché invitare il bambino in cucina?

Per aiutarlo a sviluppare la sua intelligenza

Durante le sue fasi di osservazione, Maria Montessori scoprì che i bambini sono dotati di una «mente assorbente», cioè agiscono come veri e propri piccoli esploratori, animati da una grande curiosità, e che apprendono in modo spontaneo, grazie alle loro esperienze quotidiane! Oggi la conferma di questa straordinaria scoperta ci è fornita dalle neuroscienze: «Dalla nascita fino ai cinque anni si creano ogni secondo da 700 a 1000 nuove connessioni. Ogni immagine, ogni interazione, ogni evento, anche il più banale, si fissa nelle fibre del cervello del bambino connettendo dei neuroni tra loro. Durante questo periodo di grande imprinting cerebrale, il bambino raccoglie un numero straordinario di informazioni e pone le prime pietre del tempio della sua intelligenza» (Céline Alvarez, *Le leggi naturali del bambino. La nuova rivoluzione dell'educazione*).

> *«Questa è l'età in cui l'uomo lavora senza fatica e assimila la conoscenza come cibo corroborante.»*
>
> Maria Montessori

Perché questa "plasticità cerebrale" possa esprimersi pienamente, è necessario che il bambino cresca in un ambiente in grado di offrirgli una molteplicità di esperienze. E a questo proposito che cosa c'è di meglio della cucina di casa nostra? Probabilmente niente! In questo libro vi proporremo del resto non meno di sei differenti tipi di attività, spesso in stretto rapporto fra loro. L'ampia varietà di queste esperienze e il segno che lasceranno nella memoria del bambino meritano tutta la vostra considerazione! Ve ne convincerete man mano che le sperimenterete personalmente: i bambini traggono da questi momenti in cui la loro intelligenza ha la possibilità di strutturarsi un'energia positiva, un profondo senso di benessere, di calma, di serenità.

Passiamo ora rapidamente in rassegna i benefici derivanti dalle attività svolte in cucina.

Per permettergli di esercitare le mani

Se Kant affermava che «la mano è la finestra della mente», Maria Montessori insisteva sulla necessità di "manipolare" per arrivare a capire le cose! È probabilmente questo il motivo per cui di solito i bambini, il cui cervello è ancora in formazione, sono dei piccoli "tuttofare": dietro le loro mani sempre in movimento dovremmo cercare di vedere – più che un motivo di disturbo – un bisogno di esplorazione sensoriale, l'affinamento di un gesto, la volontà di capire il mondo, la scoperta di una nuova abilità...

Invitandoli a entrare con voi in cucina, li aiuterete non solo a soddisfare questo bisogno di esercitare le mani ma anche a sviluppare la muscolatura (dita, mani, polsi), e inoltre ne incoraggerete l'abilità e la capacità di eseguire gesti fluidi e sciolti... tutte competenze indispensabili per l'apprendimento della scrittura!

Per favorire una manipolazione delicata, spiegate al bambino che il tagliere delimita la superficie all'interno della quale potrà "lavorare" e fate attenzione a stabilire un ordine per le attività proposte utilizzando insalatiere, ciotole e coppette in cui disporre i vari ingredienti, le bucce, le preparazioni. Infine cercate di fornire al bambino oggetti esteticamente gradevoli, realizzati con materiali nobili, frangibili: il vostro piccolo aiutocuoco si sentirà incoraggiato a utilizzarli con la massima attenzione e delicatezza, traendone allo stesso tempo una profonda gratificazione a livello sensoriale!

Per arricchire il vocabolario e applicare la matematica alla realtà!

A partire dai 2 o 3 anni, è frequente che i bambini comincino a recitare qualche numero o cerchino di utilizzare parole o espressioni complesse sentite pronunciare dagli adulti. Prestate attenzione a questi segnali di curiosità: in qualità di genitori, vi faranno capire quanto sia forte il bisogno di imparare dei vostri figli!

Infatti, tra le scoperte più straordinarie di Maria Montessori dobbiamo annoverare quella relativa ai "periodi sensibili" (o "sensitivi"), che in tempi più recenti ha ricevuto conferma da parte delle neuroscienze. Si tratta di fasi durante le quali il bambino si concentra in modo particolare su un determinato tipo di attività e, spinto dal suo desiderio di imparare, si dedica a compiti complessi, di cui ripete continuamente l'esecuzione senza perdere né l'entusiasmo né la motivazione a farlo, fino a padroneggiare perfettamente i gesti o a capire un concetto.

Per questo la cucina diventerà un luogo privilegiato di sperimentazione e di applicazione "sul campo" degli insegnamenti ricevuti a scuola, oppure permetterà di introdurre argomenti non ancora affrontati in ambito scolastico, sempre tenendo conto del ritmo di apprendimento del bambino!

Per esempio, fino ai 6 anni vostro figlio attraversa quello che Maria Montessori definisce il "periodo sensibile del linguaggio", durante il quale cercherà di imparare parole sempre nuove, e anche molto difficili! Approfittatene per insegnargli i nomi degli utensili e i verbi che attengono alla cucina: sono numerosi, specifici e molto importanti (affettare, tritare, sbucciare, lessare, foderare ecc.), proprio come gli aggettivi legati al senso del gusto (croccante, cremoso, acidulo, amaro, soffice, piccante, pepato, vellutato ecc.).

Per quanto riguarda i numeri, non è certo difficile reperirli nelle ricette: "Dammi 5 mele", "Taglia in 2 i pomodori", "Dosa 100 ml di latte", "Quante patate occorrono per 4 persone?" ecc. È proprio grazie alla possibilità di applicarli concretamente alla nostra vita quotidiana che impariamo ad amare i grandi principi matematici!

Senza contare gli esperimenti chimici basati sulle trasformazioni della materia, il taglio delle verdure che permette di addentrarsi nella geometria, la logica che serve a svolgere nella sequenza

corretta le varie fasi di una ricetta... Non c'è dubbio che la cucina offra straordinarie occasioni per l'applicazione pratica dei concetti, la cui grande utilità per facilitare e potenziare l'apprendimento è stata ancora una volta confermata dalle neuroscienze (per saperne di più, leggete l'intervista a Jérôme Prado, p. 105).

Per aiutarlo a diventare autonomo e sviluppare le sue funzioni esecutive

Ancora più interessante dell'applicazione pratica delle classiche nozioni scolastiche è il fatto che svolgere attività in cucina contribuisce a sviluppare nei bambini alcune competenze di base: le cosiddette funzioni esecutive!

Ma di che cosa si tratta? Maria Montessori non tardò ad accorgersi che i bambini preferiscono, più di ogni altra cosa, dedicarsi a un "vero lavoro" più che a giochi che simulano la realtà, e questo per diventare il più possibile autonomi. Anche la più banale attività quotidiana costituisce così un'occasione per "presentare" loro il mondo attraverso esperienze sensoriali e motorie.

Tuttavia, come afferma Maria Montessori nel suo libro *La mente del bambino. Mente assorbente* (1949), i benefici derivanti da questi esercizi non si limitano a questo: «Se insegnavamo [ai bambini] una precisione esatta nell'azione, proprio questa precisione sembrava trattenere il loro interesse. Avere uno scopo reale da raggiungere nelle loro azioni, questo era il movente primo, ma il modo di eseguirlo esattamente era il sostegno per rendere costante il bambino e per portarlo quindi a realizzare qualche progresso nello sviluppo».

Che scoperta straordinaria: grazie alla precisione e alla ripetizione di gesti legati alla vita pratica, Maria Montessori riusciva a sviluppare nei suoi piccoli allievi facoltà che avrebbero poi facilitato tutte le altre forme di apprendimento! Queste funzioni, intuite dalla celebre pedagogista fin dal 1949, sono oggi considerate dal Center on the Developing Child dell'Università di Harvard come uno dei fattori che determinerebbero (ben più del QI!) il successo personale, tanto a scuola quanto nella vita!

Le funzioni esecutive sono legate a tre abilità principali, che devono essere sviluppate fin dai primi anni di vita:

- **la memoria di lavoro**, che consente di ricordare il procedimento seguito, di consolidare le esperienze passate e di mettere gradualmente in atto una serie di operazioni precise allo scopo di raggiungere un determinato obiettivo ("Mi ricordo che devo prima lavare la zucchina strofinandola sotto l'acqua, poi asciugarla, tagliarne le estremità e alla fine affettarla");
- **il controllo inibitorio**, che permette di raggiungere uno stato di profonda concentrazione, di essere costanti, di non farsi distrarre alla minima occasione, di controllare le proprie azioni ed emozioni ("La mamma sta preparando la pappa per il mio fratellino... Non importa, rimango concentrato su quello che sto facendo");
- **la flessibilità cognitiva**, che consente di individuare gli errori commessi e di adattare il proprio comportamento o adottare una nuova strategia per conseguire gli obiettivi prefissati ("Ops! Mi è caduto un pezzetto di guscio d'uovo nell'impasto... Niente paura, so che posso recuperarlo con un cucchiaio").

È evidente che tutte e tre le abilità sopra elencate sono fondamentali in molti ambiti della vita quotidiana: a scuola, al lavoro, nei rapporti di amicizia, nelle relazioni sentimentali... Le funzioni esecutive ci permettono quindi di prendere le decisioni giuste in rapporto agli obiettivi che ci siamo prefissati e alla nostra analisi della situazione, se necessario elaborando un piano e alcune fasi intermedie per pervenire a una soluzione. A livello pratico, si dimostreranno utili per risolvere un problema di matematica, individuare la causa di un guasto, gestire un budget, scegliere una strategia nel gioco degli scacchi, stabilire il percorso più breve, prepararsi alla nascita di un figlio ecc. Insomma, per raggiungere gli obiettivi che ci prefiggiamo nella vita di tutti i giorni o affrontare qualunque nuova situazione che potrebbe presentarsi. Ed è qualcosa che si impara fin da piccoli!

Che sorprendente scoperta per i genitori: ancor prima di imparare a leggere, a contare e a scrivere, ciò che importa davvero è l'acquisizione e lo sviluppo delle funzioni esecutive! Ne consegue che ogni azione quotidiana può essere trasmessa secondo modalità tali da favorire l'autonomia del bambino e presentata in modo articolato, incoraggiandolo così a memorizzare il procedimento, a mantenere la concentrazione, ad adattare il proprio comportamento in vista di un obiettivo da raggiungere. Considerate in questa prospettiva, anche le attività che si possono svolgere in cucina hanno di sicuro un ruolo molto importante!

Per stimolare i sensi e affinare il palato

Un altro periodo sensibile individuato dalla pedagogia montessoriana riguarda lo sviluppo sensoriale, che può raggiungere livelli elevati nei bambini a condizione di farli esercitare con regolarità. Poche ore di pratica saranno sufficienti per abituarli a riconoscere un'ampia gamma di odori o individuare il grado di maturazione di

un frutto osservandone le sfumature di colore. Partecipare ad attività in cucina li aiuterà anche a sviluppare una grande curiosità per i sapori e le consistenze degli alimenti, offrendo al loro palato la possibilità di sperimentare tanti gusti diversi e trasformandoli in piccoli buongustai "a tutto campo".

"Mente sana in corpo sano": è un principio fondamentale quando si è in piena crescita. Trascorrere un po' di tempo in cucina dovrà anche permettere al bambino di distinguere un reale appetito da una semplice voglia, di soddisfare la sete prima che si manifesti, di riconoscere i frutti, le verdure e altri alimenti (per evitare l'avversione verso alcuni tipi di cibo e imparare a mangiare un po' di tutto), di individuare ciò che può presentare vantaggi dal punto di vista nutrizionale. Altrettante risorse che lo aiuteranno a rimanere in forma per tutta la vita (per saperne di più, leggete l'intervista a Jérémie Lafraire, ricercatore presso l'Institut Paul Bocuse, p. 141).

Per aiutarlo a conoscere meglio gli alimenti e la natura

Nella vita dei bambini ogni esperienza può essere fonte di conoscenza! Anche l'alimentazione offre l'opportunità di affrontare in modo molto pratico e divertente le scienze naturali, la botanica, la geografia, la storia...

È vero che viviamo in un'epoca in cui siamo relativamente "scollegati" dalla natura; per questo i bambini hanno a volte difficoltà a distinguere una melanzana da una zucchina e spesso non sanno come sono stati prodotti i cibi che si ritrovano nel piatto! Familiarizzarli con gli alimenti è tuttavia uno dei metodi più efficaci per aiutarli a sviluppare il senso del gusto e limitare le reazioni di rifiuto nei confronti di determinati cibi. Spiegare loro da dove provengono gli alimenti che compongono la dieta quotidiana, come crescono i vegetali, quali sono le varietà di un determinato tipo di verdura è un modo per nutrire la mente oltre che lo stomaco!

Per trasmettergli dei valori

Quando ci mettiamo ai fornelli, più che abilità possiamo trasmettere... valori! Innanzitutto quelli che dovrebbero ispirare le nostre attività in cucina, come il rispetto (rispetto per il cibo, per coloro che l'hanno prodotto e preparato, rispetto per se stessi e i propri bisogni di fame e sete scegliendo alimenti sani), il gusto del lavoro ben fatto (con meticolosità e costanza), l'apertura agli altri (assaggiando piatti tipici di altre culture gastronomiche), la generosità, il dono di sé, il piacere di fare qualcosa per gli altri... Non esitate a trasmetterli ai vostri figli mentre vi dedicate con loro a preparazioni e degustazioni in cucina!

Ma ci sono anche valori che possono, soprattutto a tavola, essere oggetto di particolare attenzione: la cortesia, il piacere di partecipare alla preparazione dei pasti o quello di festeggiare qualche avvenimento quotidiano per vivere più intensamente i vari momenti dell'anno o riunire la famiglia... Vedrete che per trasmettere dei valori ai vostri figli un piatto ben cucinato vale più di un lungo discorso!

Qualche consiglio prima di passare all'azione

Dopo avervi illustrato i vantaggi che potrete trarre insieme a vostro figlio dalle attività in cucina, probabilmente non vedrete l'ora di iniziare! Prima però dovrete provvedere a un minimo di preparazione perché queste attività diano i risultati sperati garantendovi al tempo stesso la possibilità di trascorrere momenti piacevoli in famiglia.

Adattare la cucina per permettere al bambino di "fare da solo"

Per applicare il metodo Montessori è fondamentale avere a disposizione un ambiente idoneo. Infatti, se vogliamo che il bambino agisca in modo autonomo, dobbiamo fare in modo che la casa sia alla sua portata. E questo è tanto più vero per la cucina, un locale che sembra, quando si è alti pressappoco un metro, riservato esclusivamente ai giganti!

Facciamo quindi una breve carrellata degli accessori e degli adattamenti indispensabili per permettere ai più piccoli di svolgere attività gratificanti in cucina.

La "torretta di apprendimento" (dai 18 mesi) e lo sgabello antiscivolo (dai 4-5 anni)

Il piano di lavoro della cucina è lo spazio della casa meno accessibile ai bambini! Una delle vostre prime preoccupazioni dovrà perciò essere quella di "alzare" il bambino per consentirgli di lavorare in totale sicurezza su un piano di lavoro posto a 90 cm di altezza (uno sgabello non sarà sufficiente se il bambino ha meno di 4 anni).

A questo scopo esistono le *learning towers* ("torrette di apprendimento"). Immaginate una struttura di legno alta 1,20 m a forma di torre e chiusa su tre lati (per garantire la massima sicurezza), con un passaggio pensato per permettere al bambino di salire da solo e, soprattutto, una piattaforma su cui muoversi per poter accedere, dai 16 mesi e fino ai 5-6 anni, ai ripiani più alti, ai lavelli ecc.

Una rapida ricerca in Internet vi permetterà di ordinarne una o di procurarvi le istruzioni per costruirla da soli, senza grandi difficoltà e senza spendere una fortuna!

Appena l'altezza del bambino lo consentirà, potrete sostituire questo accessorio con un semplice sgabello antiscivolo.

Un grembiule da cucina su misura

Il grembiule è indispensabile per stare ai fornelli senza sporcarsi gli abiti, ma riveste soprattutto un valore simbolico: sta infatti a indicare l'inizio di un'attività da praticare in modo assiduo. Cercate di procurarvene uno che il bambino riesca a indossare da solo.

Togliersi il grembiule e appenderlo sono le azioni che segneranno la conclusione dell'attività in cucina, dopo essersi assicurati di aver eseguito correttamente i compiti assegnati e ripulito il piano di lavoro e gli accessori (un lavoro che spesso i bambini adorano fare!).

Prevedendo un inizio preciso, alcune fasi di controllo intermedie e una conclusione permetterete al bambino di svolgere l'intero procedimento: è un modo molto efficace per abituarlo alla costanza. E, soprattutto, gli offrirete l'opportunità di sperimentare un senso di fiducia e di gratificazione personale per essere riuscito a fare davvero qualcosa "da solo".

Utensili adatti alle sue piccole mani

Attenzione, non sarà una cosa semplice! Sarete infatti tentati di prestare al bambino gli accessori da cucina che utilizzate abitualmente, ma sarebbe un grave errore che rischia di scoraggiarlo fin da subito. Con le dovute proporzioni, sareste in grado di maneggiare per alcuni minuti una di quelle fruste da cucina misura XXL usate nelle mense scolastiche? Probabilmente no! La misura è fondamentale!

Ed è qui che la cosa si complica: attenzione alle banali imitazioni in versione "mini" dei nostri accessori da cucina. Certo, la misura è quella giusta, ma non hanno la solidità e la qualità necessarie, né tantomeno quei dettagli ergonomici che permettono ai bambini di servirsene come dovrebbero. Insomma, la ricerca degli utensili più adatti vi richiederà tempo e pazienza, ma è fondamentale per riuscire a lavorare bene in cucina!

Anche la scelta dei materiali è molto importante: date la preferenza a vetro, porcellana, acciaio inox, legno ecc. In pieno periodo di sviluppo "sensoriale", il tatto dei più piccoli è particolarmente sensibile. Non escludete neppure gli accessori fragili: anzi, incoraggeranno il bambino a lavorare con gesti delicati e precisi.

I principali accessori che dovrete procurarvi sono:

- **un tagliere di legno**, di misura standard e facilmente trasportabile per il bambino;
- **un coltello da burro e uno da taglio** con manico ergonomico;
- **una frusta da cucina** e un matterello di misura piccola;
- **un pelapatate, un levanoccioli, uno schiacciapatate, una grattugia** con manico antiscivolo;
- **un cucchiaio di legno** di misura piccola;
- **una ciotola con beccuccio** di misura media e dotata di fondo antiscivolo.

una caraffa per imparare!
i famosi cups dosatori!
tagliere
pensati per le piccole mani
una frusta da professionisti
spazzola per pulire verdure
misura "mini"
posate ergonomiche

DETTO FRA NOI

TAZZE E CUCCHIAI DOSATORI

Sono accessori INDISPENSABILI finché i bambini non prendono confidenza con i numeri! Molto utilizzati nei paesi anglosassoni, questi set di dosatori (cups e spoons) permettono di misurare con precisione le quantità senza usare la bilancia. Inoltre questi misurini si prestano particolarmente alle attività di "travaso" molto apprezzate dai bambini. Vi spiegheremo più avanti come presentarle, prima con ingredienti "facili" come frutta secca o cereali, poi con ingredienti più difficili da manipolare, come farina, liquidi ecc.

Un armadietto o un cassetto riservato al bambino

A 2, 4 o 6 anni, è impossibile vedere che cosa contengano i cassetti e inutile provare ad aprire un armadietto collocato a un'altezza inarrivabile! Cercate di rimediare riservando a uso esclusivo del bambino un armadietto o un cassetto che siano alla sua portata. Ecco che cosa dovrebbe contenere:

- **l'insieme degli utensili** da cucina. È importante mantenerli sempre in ordine, tenendoli ben separati o riponendoli in alcune scatole;
- **le sue stoviglie** (piatti e posate) e i tovaglioli, in modo che possa apparecchiare da solo la sua tavola;
- **alcuni bicchieri e una piccola caraffa** piena d'acqua perché possa servirsi da bere quando ha sete;
- **eventualmente l'occorrente** per un sano e veloce spuntino (per esempio, qualche nocciola o mandorla, cracker o tartine tostate multicereali);
- **una spugnetta, uno strofinaccio, scopino e paletta** per pulire il tavolo o, se necessario, rimediare a qualche "errore";
- **un piccolo vassoio** con manici e bordi alti per trasportare l'occorrente dalla mensola fino al tavolo o al piano di lavoro.

Questo elenco non è esaustivo né tantomeno vincolante. L'importante è che vi mettiate sempre nei panni del bambino per garantirgli un contesto adatto alle sue capacità e accessori di qualità. È indirettamente un modo per fargli capire che ciò che fa in cucina è un lavoro vero e importante. Ma anche per aiutarlo a sviluppare la voglia di fare, la fiducia e l'autostima!

Organizzazione quotidiana e corretto atteggiamento nei confronti del bambino

Condividere la cucina con i familiari non è sempre facile: abbiamo tutti le nostre abitudini, il nostro modo di fare le cose, le nostre piccole manie... Ma vedrete che cucinare con l'aiuto dei piccoli di casa sarà molto più semplice! I bambini sono sempre felici di stare in cucina, desiderano più di ogni altra cosa dimostrarsi all'altezza dei compiti loro assegnati e sono molto orgogliosi di svolgere un VERO lavoro... Tuttavia sono necessarie alcune raccomandazioni.

Procedete un passo alla volta

Non stravolgete in un colpo solo tutta l'organizzazione domestica! Dopo un iniziale momento di entusiasmo, rischiereste di frustrare e scoraggiare vostro figlio (che non sarebbe in grado di utilizzare tutti gli accessori) o di vanificare la vostra iniziativa (a causa della perdita di interesse).

Cominciate preparando il minimo indispensabile (posate e bicchieri, tovaglietta americana, caraffa, spugnetta, panno da cucina, scopino e paletta e altri accessori per rimediare ai piccoli "incidenti", grembiule, torretta di apprendimento o sgabello antiscivolo) spiegando brevemente al bambino la vostra intenzione di concedergli maggiore autonomia e di affidargli regolarmente nuove responsabilità durante la preparazione dei pasti per tutta la famiglia.

Integrate man mano il contenuto dell'armadietto o del cassetto riservato al bambino, presentando in tono solenne ogni nuovo accessorio destinato alla realizzazione della ricetta del giorno non appena il vostro piccolo aiutocuoco avrà imparato a utilizzare correttamente quelli già in dotazione.

Presentate "ufficialmente" ogni nuova attività

Mettetevi a fianco del bambino (alla sua destra se è destrimano, alla sua sinistra se mancino).

Iniziate nominando l'utensile (o gli utensili) che userete e dettagliate le diverse parti di cui è composto ("manico, lama, impugnatura, beccuccio" ecc.). Se lo desidera, permettete al bambino di ripetere ogni nuovo vocabolo pronunciato.

Enunciate chiaramente l'obiettivo che vi siete prefissati: "Ti insegnerò come aprire e chiudere alcuni barattoli O come pulire il piano di lavoro O come pelare una carota".

Poi mostrategli, in silenzio e con gesti lenti, precisi e ben articolati, in che modo realizzare l'attività proposta (è importante evitare di parlare durante

la dimostrazione per permettere al bambino di concentrarsi unicamente sui vostri gesti e non sulla comprensione delle parole).

Insistete sulle fasi di controllo che permettono di verificare se l'attività è stata svolta correttamente (per esempio, quando si pela una carota, la parte sbucciata ha un colore più vivo rispetto a quella ancora da sbucciare; si tratterà quindi di farlo notare al bambino perché possa giudicare da solo se la sua azione è corretta).

Dichiarate conclusa l'operazione (per esempio, dopo aver ruotato lentamente la carota su se stessa, fate la seguente constatazione: "La carota è completamente sbucciata e le bucce sono nella ciotola").

E lasciate che il bambino si eserciti da solo!

Esercitatevi!

Nella vita di tutti i giorni, capita spesso di fare le cose in modo meccanico, senza neppure pensarci. Vi sembrerà strano, ma il semplice fatto di dover eseguire un'azione in maniera corretta e precisa richiederà probabilmente un minimo di esercizio da parte vostra! Per aiutarvi, vi illustreremo punto per punto le diverse operazioni necessarie per realizzare le ricette proposte in questo libro, in modo che possiate visualizzarne le fasi principali.

Date ascolto all'intuito

Che cosa posso proporre a mio figlio? Quale attività o accessorio posso presentargli, e a che età? In quale ordine? Per trovare una risposta, seguite il vostro istinto di genitori, sarà il vostro miglior consigliere. Per avere qualche indicazione, potete fare riferimento alla nostra piccola guida dell'autonomia in cucina (vedi pp. 36-37), tenendo però sempre presente che ogni bambino segue il proprio ritmo. Si tratta quindi di un orientamento puramente indicativo.

Se notate che vostro figlio incontra difficoltà, si innervosisce o non manifesta alcun interesse, non insistete e ritentate dopo uno o due mesi.

Se, al contrario, dovesse mostrarsi entusiasta, ritornate a più riprese sulla stessa attività nel giro di 10 o 15 giorni, proponendogli alcune varianti. Si tratterà infatti di consolidare l'apprendimento prima di introdurre nuove attività o materiali.

DETTO FRA NOI

MANO DOMINANTE E NON DOMINANTE

Vostro figlio preferisce utilizzare la mano destra? Oppure la sinistra? Dipende da che cosa deve fare? È normale: la lateralizzazione è una tappa importante nello sviluppo di un individuo. Così la preferenza manuale – che si traduce in una maggiore abilità di una mano rispetto all'altra – richiede spesso alcuni anni prima di stabilizzarsi (fra i 4 e i 6 anni). Durante gli esercizi, lasciate che il bambino usi istintivamente una delle due mani per afferrare gli oggetti. E se vedete che incontra difficoltà nell'esecuzione, invitatelo a ripetere l'azione con l'altra mano: forse si sente più a suo agio così?

Nel corso degli esercizi proposti in questo libro e allo scopo di illustrare questo fenomeno, vedrete comparire i concetti di mano dominante (cioè "preferenziale") e mano non dominante (cioè "l'altra"). Ciò vi permetterà di adattare le richieste, indipendentemente dalle preferenze del bambino!

Affidate al bambino un compito preciso e permettetegli di fare DA SOLO

Detto così sembra scontato. Ma nella pratica non è sempre facile come potrebbe sembrare! Acquisire determinate competenze in cucina è una cosa complessa... ma non richiede troppo tempo; se ci sono ottime probabilità che assistiate a spargimenti di liquidi, rovesciamenti o rotture di oggetti, sappiate che questi incidenti di percorso non si ripeteranno spesso e nel giro di breve tempo rimarrete addirittura sorpresi di fronte alla bravura di vostro figlio!

Evitate perciò di sottolineare i suoi (inevitabili) errori e di intervenire a ogni minimo imprevisto! Non solo il bambino si accorge subito di aver sbagliato, ma è anche assolutamente in grado – grazie al materiale che gli avrete messo a disposizione – di rimediare da solo alle sue sbadataggini. Non dimenticate poi che gli "errori" costituiscono un elemento importante nel processo di apprendimento e che il fatto di potervi "rimediare" contribuisce a sviluppare nel bambino la fiducia nelle proprie capacità e il rispetto per l'ambiente in cui vive.

La preparazione di un pasto – o anche solo di un piatto particolare – passa attraverso diverse fasi. Scegliete attentamente quella che il bambino sarà in grado di eseguire da solo in base alle sue capacità (forza, abilità, motricità fine ecc.). Se fate lavorare insieme più bambini, assegnate a ciascuno un compito diverso: ciò eviterà inutili confronti, i doppi accessori (viva le economie e il controllo inibitorio necessario per "aspettare il proprio turno"!) e permetterà di valorizzare le competenze individuali.

Preparate TUTTO il necessario per la corretta esecuzione del compito assegnato: il tagliere di legno, la ciotola in cui mettere le bucce... L'organizzazione della postazione lavoro del bambino deve essere pensata in anticipo per essere efficace e abbastanza strutturata da permettere lo sviluppo delle sue funzioni esecutive! Non preoccupatevi, le indicazioni che vi forniremo sono già state concepite a questo scopo. Tenete però presente il seguente principio di base: per ciascun compito assegnato, occorre prevedere una precisa sequenza di operazioni, secondo una logica di esecuzione da sinistra a destra. Così, per esempio, per sgusciare le uova saranno necessarie tre ciotole: da sinistra a destra, una per le uova da sgusciare, una per i gusci d'uovo e una per le uova sgusciate.

Assegnate al bambino compiti di cui non dovrete attendere con impazienza la conclusione! Questo perché avrà bisogno di "lavorare" seguendo il proprio ritmo, senza sentirsi sotto pressione.

Da parte vostra dedicatevi all'esecuzione delle altre fasi della ricetta senza guardare continuamente il vostro piccolo aiutocuoco né conversare con lui come fareste con un/una amico/a! Il bambino deve avere la possibilità di concentrarsi intensamente su ciò che sta facendo (e quindi di rimanere in silenzio) e di sentire che vi fidate davvero di lui.

Se lo vedete in difficoltà, evitate di intervenire! Come sottolineava giustamente Maria Montessori, «Ogni aiuto inutile è di ostacolo allo sviluppo». Il bambino darà prova di ragionamento, di creatività, di capacità di adattamento allo scopo di individuare una possibile soluzione... Finché non vedrete spuntare il nervosismo o lo scoraggiamento, dategli la possibilità di sviluppare questo meccanismo che si rivelerà estremamente importante per la sua vita futura (per saperne di più sulla flessibilità cognitiva, leggete l'intervista a Jérôme Prado, p. 105)! E poi vedrete che meravigliosa espressione illuminerà il suo viso quando sarà riuscito a portare a termine il proprio compito, molto più che se un adulto l'avesse fatto al posto suo!

Infine, non rifate (anche se vi sembra più giusto) quello che il bambino ha appena fatto! Gli spicchi di mela potrebbero essere disposti meglio? I dadini di patate dovrebbero risultare più regolari? Probabilmente sì. Ma sarà per la prossima volta, non scoraggiatelo!

Trasformate le attività quotidiane in un'abitudine condivisa!

L'autonomia non si conquista in un colpo solo, e non è neppure sinonimo di efficienza. L'acquisizione di competenze è un lavoro di ampio respiro che richiede tempo, pazienza, costanza.

Pianificate il programma alimentare della settimana e comunicatelo ai vostri figli. Oltre a risparmiare tempo e denaro, ciò vi permetterà di prevedere per quali ricette potrete chiedere la loro collaborazione. E dopo aver letto questi "menu", di sicuro saranno loro a offrirvi spontaneamente un aiuto per le ricette che apprezzano di più!

Ma se il bambino non ha alcuna voglia di collaborare nonostante i ripetuti inviti, rispettate la sua scelta. Le giornate trascorse all'asilo o a scuola sono spesso molto lunghe per i più piccoli. Per questo ho rinunciato a invitare i miei figli in cucina nelle settimane immediatamente successive all'inizio della scuola, quando tornano a casa sfiniti dai nuovi impegni e dal cambiamento di abitudini.

In compenso, cercate di riorganizzare le varie attività durante la settimana: per esempio, per evitare la solita corsa serale contro il tempo, i bambini potranno fare il bagno a giorni alterni. Sostituendo i 30-45 minuti del bagno con i 5 minuti di una veloce toilette, potrete ricavare il tempo necessario per dedicarvi alle attività in cucina!

Una volta stabilito il ritmo e acquisiti i primi rudimenti, i momenti trascorsi in cucina diventeranno un appuntamento abituale (e pure molto pratico per genitori con il tempo sempre contato!), un'opportunità di arricchimento reciproco e un'occasione privilegiata per consolidare i legami tra i componenti della famiglia. Insomma, c'è da scommettere che non riuscirete più a farne a meno!

Che si mangia stasera?

Se il suo metodo pedagogico non affronta nello specifico il tema dell'alimentazione del bambino, non si può negare che Maria Montessori abbia avuto un approccio di tipo olistico all'educazione: a suo parere, la formazione del giovane individuo nella sua globalità richiedeva di agire a livello intellettivo, certo, ma anche fisico, sociale, spirituale ed emotivo, in modo da favorirne una crescita il più possibile armoniosa.

Ricette appositamente ideate per la salute e il benessere dei bambini

State per iniziare a cucinare regolarmente a fianco dei vostri figli: sarà un'ottima occasione per ricordarvi che le scelte nutrizionali che farete per loro hanno una grande importanza per la loro salute fisica e mentale. Molto più di un semplice apporto di energia, una dieta equilibrata e alimenti di qualità sono determinanti per lo sviluppo cerebrale, la capacità di apprendimento, l'equilibrio ormonale, le abilità sociali, il comportamento e l'umore dei bambini. La nostra alimentazione ha subito notevoli cambiamenti a partire dall'inizio del XX secolo, per alcuni aspetti positivi (diversificazione e abbondanza di alimenti, conoscenze nutrizionali), per altri negativi (eccessi o squilibri alimentari, sostanze tossiche, carenze di vitamine e nutrienti).

Tutti noi siamo portati a farci domande, sulla scia di scandali alimentari e dei risultati allarmanti di alcuni studi scientifici, sugli effetti dannosi che zucchero, sale, pesticidi, fosfati, microparticelle e altre sostanze sospette possono avere sulla salute e sui comportamenti dei nostri figli. Non intendiamo affrontare in questo libro l'argomento relativo all'alimentazione infantile. Mi è sembrato tuttavia importante inserire ricette specificamente pensate per la salute e il benessere dei bambini. Il loro obiettivo è quello di fornire ai più piccoli un'adeguata quantità di vitamine e nutrienti a seconda delle stagioni e dei diversi momenti della giornata.

Per molte ricette troverete una breve descrizione dei suoi benefici per la salute e potrete così constatare che:

• **molte proposte invernali** mirano a rinforzare le difese immunitarie, quelle estive a sfruttare le vitamine contenute in frutta e verdura crude giunte a piena maturazione, quelle autunnali a fare il pieno di magnesio, quelle primaverili a privilegiare gli ortaggi di colore verde, ricchi di fibre, sali minerali e clorofilla, indispensabile per ossigenare le cellule!;

• **diverse ricette da proporre alla sera** contribuiscono a favorire un sonno tranquillo e riparatore;

• **poche ricette contengono proteine animali**, dato che probabilmente i bambini ne consumano già all'asilo o a scuola... Queste sono quindi da riservare ai weekend!;

• **infine, tutte le prime colazioni, spuntini e merende** forniscono energia a lento rilascio, senza perciò provocare picchi glicemici.

Dedicarsi tutti insieme alla cucina è sicuramente un modo per prenderci cura di noi stessi, della nostra salute fisica e mentale. Invitandoli ai fornelli, i vostri figli potranno:

• **resistere al richiamo dei prodotti industriali "pronti"**, venduti in confezioni accattivanti;

- **imparare concretamente che l'equilibrio dei sapori** è il risultato di un sapiente dosaggio di sale, zucchero, grassi, acido... (e non un facile slogan del tipo "non mangiare cibi troppo grassi, troppo dolci, troppo salati");
- **scoprire come la qualità degli ingredienti è alla base della qualità del piatto**.

E, a conti fatti, è questo l'unico modo per imparare a nutrirsi bene per tutta la vita!

Le facili alternative per un'alimentazione sana

Piccoli cambiamenti, grandi risultati! È molto facile proporre ai nostri figli di mangiare in modo sano: basta sostituire qualche alimento base della loro dieta con cibi alternativi altrettanto gustosi! Facciamo una rapida panoramica della dispensa e del frigorifero per modificare gradualmente le nostre abitudini alimentari e imparare a nutrirci meglio.

Lo zucchero integrale

Lo zucchero è il nemico numero 1 dei bambini. Sia la carenza sia un consumo eccessivo di questo alimento hanno effetti devastanti, a livello fisico ed emotivo (aggressività, agitazione ecc.).

Ricordate questi semplici numeri: secondo le raccomandazioni dell'Organizzazione Mondiale della Sanità (OMS), per essere in buona salute un bambino non dovrebbe assumere più di 15 g di zucchero al giorno. Ma questa quantità è l'equivalente di sole 3 zollette di zucchero! Spesso una piccola confezione di biscotti o una bibita gassata ne contengono già 15, 20 o addirittura 30 g! Per questo è importante leggere attentamente le etichette dei prodotti industriali per verificarne la composizione e adattare di conseguenza le porzioni offerte ai bambini.

Per le ricette casalinghe, abituatevi a sostituire lo zucchero raffinato con quello integrale, di cui esistono oggi molte varietà! Lo zucchero di canna integrale, di cocco o di betulla, ma anche il miele, lo sciroppo d'agave o di acero sono altrettante alternative che offrono sapori e benefici diversi. Provate e scegliete l'ingrediente che fa al caso vostro... ma sempre facendo attenzione alla quantità!

Le alternative al glutine

Pasta, pane, biscotti, dolci... I bambini consumano ogni giorno molti alimenti che contengono glutine, e in cucina sarebbe davvero il caso di non contribuire a questo eccesso, responsabile di disturbi digestivi e infiammatori.

Per esempio potete sostituire la pasta, spesso proposta a cena, con altri piatti a base di cereali o legumi. Polenta, lenticchie, riso, quinoa... le possibilità sono infinite! E se i vostri figli non riescono proprio a farne a meno, orientatevi sui diversi tipi di pasta "vegetale" prodotti con lenticchie verdi o rosse, ceci, piselli o zucca. Ma anche sulla pasta orientale, come gli spaghetti cinesi di riso o di soia.

Anche il pane bianco può trovare validi sostituti: assaggiate quelli di mais, di segale, di grano saraceno...

Infine, per tutte le vostre preparazioni casalinghe, esiste una straordinaria alternativa alla farina di frumento ultraraffinata, povera di fibre e a elevato contenuto di carboidrati: la farina integrale di farro, una varietà antica di grano. Anche se contiene glutine, risulta molto più digeribile rispetto alla farina di frumento e vanta numerose proprietà nutrizionali (in particolare, un'alta quantità di magnesio, vitamine B_1 e B_2, fibre ecc.).

Altro vantaggio: se non sopportate i preparati senza glutine che trasformano dolci e torte in mattoni, sappiate che questo tipo di farina lievita molto bene e che il suo leggero aroma di nocciola è apprezzato anche dai bambini.

Il sale vegetale

Abbiamo un'attrazione innata per il sale, vero e proprio esaltatore del gusto. Ma tutti, adulti e bambini, dobbiamo fare attenzione a consumarlo con moderazione per non rischiare seri problemi di salute (ipertensione, malattie cardiovascolari ecc.).

A tavola i bambini sono spesso tentati di imitarci: se salate i piatti, cercate di avere la mano MOLTO leggera e preferite sempre una versione non raffinata e/o vegetale. Il gomasio (composto per il 5% da sale marino e per il 95% da semi di sesamo) o il sale alle verdure e alle erbe aromatiche (sedano, porro, crescione, cipolla, erba cipollina) sono prodotti molto più sani e assolutamente squisiti!

Il lievito senza fosfati o il bicarbonato di sodio

Sui fosfati grava il sospetto di provocare seri disturbi comportamentali (iperattività, sbalzi d'umore, insonnia, aggressività, crisi di collera ecc.) nel 20-30% dei bambini. Verificate che le bustine di lievito che usate in cucina siano prive di questi additivi o sostituitele con il bicarbonato di sodio!

Non dimenticate di dare un'occhiata anche alla composizione di dolciumi, biscotti, cereali per la prima colazione, formaggini, gelati ecc. I fosfati offrono infatti così tanti vantaggi per i prodotti industriali (colore, cottura, aspetto, conservazione) che il loro utilizzo è cresciuto di 300 volte dagli anni sessanta del secolo scorso. Fate attenzione!

Bevande e prodotti di origine vegetale

Il consumo di latte, panna, burro, formaggio fa ovviamente parte dell'educazione alimentare e, se non è in contrasto con le vostre convinzioni, potete includerlo nella dieta di tutta la famiglia! Tenete però presente che il consumo quotidiano di latticini sovraccarica il nostro sistema digerente, che ha difficoltà ad assimilarli. Alternateli con bevande e altri prodotti di origine vegetale, che hanno altre proprietà nutrizionali. Dopotutto, anche questa è diversificazione alimentare!

Olio e burro: bio e di ottima qualità

Dato che il cervello e le membrane cellulari sono costituiti per il 70% di lipidi, è importante garantire al nostro organismo un apporto di olio di elevata qualità: bio e di prima spremitura a freddo.

Fra i tipi di olio dotati di maggiori proprietà nutrizionali, la vostra scelta ricadrà probabilmente sull'olio di oliva, ricco di acidi grassi monoinsaturi, omega-3 e antiossidanti; ma non sono da trascurare neppure quelli di noci, di colza o di sesamo, dal sapore gradevole, o una miscela di oli diversi da utilizzare per condire insalate e pietanze.

E per le vostre ricette dolci scegliete il burro di cocco. Non solo uno dei suoi componenti, l'acido laurico (presente anche nel latte materno!), gli conferisce proprietà antimicotiche e antibatteriche, ma il suo aroma esotico contribuirà a dare un tocco inedito alle vostre ricette!

Frutta e verdura: bio e di stagione

Crude o cotte, frutta e verdura devono rappresentare la metà del nostro apporto alimentare quotidiano, associate a ogni pasto con cereali integrali o farinacei (patate, pasta, riso, polenta, quinoa, semolino ecc.) e proteine (di origine vegetale o animale).

Recenti studi hanno dimostrato che, se assunti in quantità elevate e in modo continuativo, i pesticidi mettono a rischio la nostra salute e possono causare disturbi del sistema endocrino, con possibili effetti sulle generazioni future. Conviene perciò dare la preferenza a frutta e verdura provenienti da agricoltura biologica o da coltivazioni locali che non facciano uso di mezzi chimici.

L'acqua

Il corpo umano è costituito per il 75% di acqua: per favorire il corretto funzionamento di tutto l'organismo, cervello compreso, è quindi fondamentale una buona idratazione durante l'intera giornata. Questo è possibile solo bevendo acqua pura: bando perciò alle bibite!

Ricordate che un apporto adeguato di liquidi si ottiene con circa 8 bicchieri di acqua al giorno! Procuratevi una caraffa filtrante per eliminare nitrati, cloro, calcare e tutte le altre sostanze contaminanti contenute nell'acqua di rubinetto, e invitate il bambino a bere con regolarità, finché non prenderà l'abitudine di farlo da solo non appena ne sentirà il bisogno.

"Per crescere un bambino ci vuole un intero villaggio"

Conoscete questo proverbio africano? Lo condivido in pieno! In un momento in cui i genitori mettono in discussione i loro modelli educativi e si interrogano sul modo migliore di crescere i figli, mi è sembrato importante sentire il parere degli esperti. Al di là degli orientamenti di moda e delle dispute teoriche che contrappongono le diverse scuole pedagogiche, le neuroscienze ci forniscono risposte chiare e inconfutabili sui meccanismi che presiedono allo sviluppo e al funzionamento della mente dei nostri figli. Gli esperimenti condotti dai ricercatori negli ultimi anni e i risultati ottenuti rappresentano una grande fonte di ispirazione per i genitori, per quanto riguarda sia le attività da proporre sia gli atteggiamenti da adottare per sostenere con successo l'apprendimento dei bambini.

Vi presento quindi i tre illustri esperti che ho avuto la fortuna di incontrare durante la stesura di questo libro.

Florence Servan-Schreiber svolge la professione più bella, più complicata e più importante di tutte: insegna a essere felici! Gli scienziati hanno analizzato i meccanismi cerebrali che intervengono quando sperimentiamo un senso di felicità... e Florence Servan-Schreiber trasforma queste scoperte in esercizi di vita ludici, piacevoli e profondamente gratificanti, da scoprire leggendo i suoi libri o, più direttamente, partecipando alle sue conferenze o al suo spettacolo teatrale interattivo (o "master di felicità")! Grazie alla sua energia comunicativa, impareremo a essere felici anche a tavola, per quello che ci offre in termini di piacere e condivisione. Questa cuoca esperta ci rivelerà anche i superpoteri di alcuni cibi e i loro effetti positivi sul nostro cervello... Incredibile, vero?

Jérôme Prado è ricercatore in neuroscienze cognitive presso il CNRS (Centro nazionale di ricerca scientifica) e studia i meccanismi cognitivi e neuronali che sono alla base del pensiero logico e matematico. Le sue ricerche coinvolgono sia adulti sia bambini con o senza disturbi dell'apprendimento, come la discalculia. Ci aiuterà a capire meglio i meccanismi che regolano l'apprendimento dei bambini e ci spiegherà perché le attività manipolative sono necessarie allo sviluppo della loro intelligenza e, in particolare, perché quelle svolte in cucina possono rappresentare un prezioso sostegno alle loro acquisizioni, che si tratti di matematica, linguaggio, capacità di concentrazione e tante altre cose!

Jérôme Prado mi ha ricevuto insieme a **Philippine Courtier**, dottoranda presso l'Università Claude Bernard Lyon-1, la quale, nell'ambito del suo dottorato di ricerca, si sta interessando in modo particolare al metodo educativo Montessori e ai suoi effetti sullo sviluppo cognitivo dei bambini in età prescolare. Dopo aver letto la sua intervista, sono pronta a scommettere che non vedrete più le attività in cucina come un semplice passatempo da riservare ai sabati pomeriggio piovosi!

Anche **Jérémie Lafraire** è un esperto in scienze cognitive, ma applicate all'alimentazione. Del resto lavora presso il centro di ricerca dell'Institut Paul Bocuse, fondato dallo chef francese più famoso al mondo (eletto per due volte cuoco del secolo), una scuola dell'eccellenza culinaria che sforna ogni anno 700 professionisti nel campo della ristorazione e dell'ospitalità alberghiera. Per comprendere meglio l'evoluzione delle pratiche culinarie è sorto un centro di ricerca che coniuga il sapere dei ricercatori e le competenze tecniche dei professionisti in un approccio scientifico unico in Europa, adattato allo studio dei comportamenti alimentari in situazioni reali.

Gli studi di Jérémie Lafraire si concentrano sui diversi meccanismi cognitivi che entrano in gioco nel rapporto fra l'uomo e il cibo. Nell'ambito delle sue ricerche, si è interessato in modo particolare a un argomento che tutti i genitori conoscono: l'avversione del bambino per determinati alimenti. Se le conclusioni a cui giunge sono molto interessanti, sono sicura che i suoi consigli (per contrastare gli atteggiamenti di rifiuto e stimolare la scoperta) sapranno fornirvi utili strumenti per rendere più piacevoli i pasti in famiglia!

Dopo aver passato in rassegna i dettagli relativi all'organizzazione e i benefici derivanti dalle attività in cucina, scommetto che non vedrete l'ora di passare all'azione. È dunque arrivato il momento di indossare il grembiule!

PICCOLA GUIDA DELL'AUTONOMIA IN CUCINA: FARE COSA A CHE ETÀ?

DAI 6 AI 12 MESI	• Il bambino prende il cibo con le mani per assaggiarlo: è il piacere della scoperta! • Può imparare a esprimere la fame a gesti.
DAI 12 AI 18 MESI	• A tavola il bambino comincia a imparare a usare il cucchiaio e poi la forchetta. • Impara a bere da un bicchiere. • Può imparare a esprimere, a gesti o a parole, la fame e la sete.
DAI 18 AI 24 MESI	• Il bambino può mangiare da solo, con un cucchiaio o una forchetta. • Aiuta a sparecchiare la tavola e può gettare gli avanzi nella spazzatura. • In cucina può mettere pezzi di frutta o verdura nei piatti o nelle pentole. Può anche spezzettare le foglie di insalata o andare a prendere qualche semplice ingrediente che gli viene richiesto.
DAI 2 ANNI	• Impara a servirsi da bere (con una piccola caraffa) e ad apparecchiare la tavola. È capace di rispondere correttamente alle sensazioni di fame e sete. • Riesce a pulire il piano di lavoro con una spugnetta e a rimediare ai piccoli "incidenti". • In cucina, è in grado di versare alimenti solidi e liquidi in una preparazione, sbucciare e tagliare una banana, sbucciare un mandarino, sgusciare un uovo sodo... • Nelle attività complementari, riesce ad abbinare due ingredienti necessari per l'esecuzione di una ricetta. • È il periodo ideale per consolidare l'uso delle formule di cortesia. Si può anche iniziare a descrivere le sensazioni legate al gusto e condividerle con il bambino.

DAI 3 ANNI	• Il bambino può apparecchiare correttamente la tavola. Riesce anche a scegliere e riordinare le posate nel cassetto. • Impara gradualmente a usare il coltello per avvicinare il cibo alla forchetta, e poi per tagliare. È anche capace di tagliare a pezzetti alimenti di consistenza morbida o mediamente dura per unirli a una preparazione. • Riesce a pulire frutta e verdura con una spazzola, a spremere un agrume, schiacciare una banana con la forchetta, sgranare i piselli, ricavare palline di melone o anguria, preparare le polpette (di carne o verdure). • È capace di svolgere attività complesse come miscelare ingredienti o composti liquidi o solidi, lavorare un impasto, servirsi da solo uno spuntino, ungere uno stampo. • Può (spesso volentieri) lavare i piatti e pulire la cucina.
DAI 4 ANNI	• Il bambino perfeziona le proprie abilità in cucina. Riesce a rompere un uovo da solo, sbattere gli ingredienti con la frusta a mano, stendere la pasta con il matterello, travasare composti liquidi, tritare con un pestello, cuocere (con l'aiuto di un adulto). • Essendo ormai in grado di esprimere a parole le proprie sensazioni, è interessante chiedergli di riconoscere gli alimenti, le spezie e le erbe aromatiche (sentendone l'odore o a occhi chiusi) e parlare con lui di regole alimentari, storia degli alimenti ecc. • Può servirsi da solo dal piatto di portata a seconda del suo grado di appetito. • Infine, è capace di offrire il proprio aiuto ai genitori, in particolare di chiedere (cortesemente) e pagare il pane in panetteria mentre lo si aspetta a qualche metro di distanza, di infilare la frutta nel sacchetto al supermercato, di individuare e mettere nel carrello i prodotti richiesti, poi di aiutare a sistemare la spesa.
A 5 ANNI	• Sempre più autonomo, il bambino può realizzare da solo una semplice ricetta illustrata da foto, dosare con precisione ingredienti liquidi e solidi, mettere le posate sporche nella lavastoviglie o riordinare quelle pulite nel cassetto.

1

Sviluppare la manualità, i muscoli della mano e la coordinazione oculo-motoria

Le piccole mani sono capaci di grandi cose, a condizione di potersi esercitare! L'abilità manuale è una competenza fondamentale che i bambini cercano di sviluppare fin dalla più tenera età.

Così come il bambino molto piccolo si allena ad afferrare gli oggetti, poi a passarli da una mano all'altra, anche noi dobbiamo incoraggiare i nostri figli a "sciogliere" le dita, a renderle indipendenti fra loro o a usarle tutte insieme per eseguire compiti più o meno complessi, a rafforzare la muscolatura delle mani perché possano lavorare senza difficoltà e ad agire in modo mirato! Questo è molto importante per abituarli, più tardi, a impugnare correttamente e senza fatica la penna per scrivere in modo aggraziato lettere e numeri. Per fortuna, le attività quotidiane che permettono ai bambini di esercitarsi non mancano di certo, soprattutto in cucina! Non esitate a chiedere ai vostri figli di collaborare...

SPALMARE Dai 2 anni

Spalmare è un'attività molto gratificante per i bambini, anche i più piccoli: infatti permette loro di preparare da soli un antipastino, uno spuntino, una prima colazione o persino di partecipare a un aperitivo in famiglia... proprio come i grandi! È anche un'attività che richiede grande concentrazione: bisogna coordinare le due mani, tenere correttamente il coltello e appoggiarlo con delicatezza sia sull'ingrediente da prelevare sia sulla fetta di pane da spalmare, distribuire uniformemente senza uscire dai bordi...

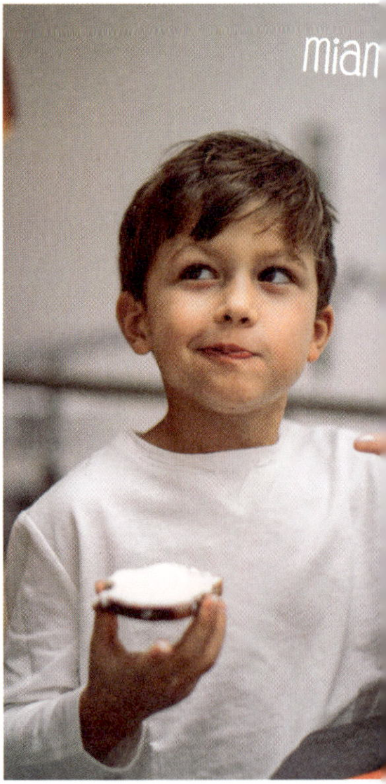

In un primo tempo, proponete al bambino ingredienti facili da spalmare su grandi fette di pane, prima di suggerire di imburrare una fetta biscottata, il che è molto più difficile! La crema di sardine è ideale per iniziare a esercitarsi. Senza contare che farà dimenticare ai bambini la paura delle lische invisibili!

Mostrate al bambino il manico del coltello ("per tenerlo"), poi la lama ("per spalmare o tagliare"). Attirate la sua attenzione sul modo corretto di impugnarlo, nella mano dominante (p. 26), collocando l'indice sul manico alla base della lama.

Prelevate un po' di crema con il coltello (insistendo sulla "giusta" quantità). Tenete la fetta di pane nell'altra mano. Spalmate la crema con la lama inclinata del coltello. Ripetete il movimento fino a ricoprire interamente la fetta.

Il formaggio fresco, la marmellata, la crema spalmabile di frutta secca sono altrettante alternative che permettono di esercitarsi in questa attività prima di provare con il burro... molto più delicato!

Crema di sardine

PREPARAZIONE: 5 MIN
PER 4 PERSONE

2 scatolette di sardine sott'olio di buona qualità
100 g di formaggio fresco
2 cucchiai di scalogno tritato
1 cucchiaio di senape all'antica
1 limone
10 steli di erba cipollina
Capperi per decorare
Pane tostato e pomodori ciliegini per servire

Sgocciolare le sardine, togliere la lisca centrale e schiacciarle con una forchetta.

Aggiungere il formaggio fresco, lo scalogno e la senape, poi mescolare (eventualmente frullare per ottenere un composto più omogeneo).

Spremere il limone e unire il succo alla preparazione.

Tagliuzzare finemente l'erba cipollina, poi mescolare di nuovo. Per la presentazione, si può riutilizzare la scatoletta di sardine e decorare con qualche cappero.

Servire con pane tostato e alcuni pomodori ciliegini tagliati a metà.

Le piccole mani possono

Schiacciare le sardine con una forchetta, spremere il limone, tagliuzzare l'erba cipollina, mescolare gli ingredienti.

Variante Per variare i sapori, potete preparare una crema di tonno o di sgombro!

Benefici per la salute Ottima fonte di proteine (per sostituire egregiamente la carne), la sardina è anche uno degli alimenti più indicati per fare il pieno di omega-3, calcio, fosforo e ferro.

ARROTOLARE (TOVAGLIETTA, TAPPETINO, TOVAGLIOLO)

Dai 2 anni e 1/2

Arrotolare la pasta sfoglia per fare i ventagli non è proprio come arrotolare un tappetino o una tovaglietta, ma non potevamo certo lasciarci sfuggire l'occasione! Nel metodo Montessori viene spesso insegnato ai bambini ad arrotolare una tovaglietta o un tappetino, accessori utilizzati per delimitare lo spazio di lavoro: si tratta infatti di una superficie ben definita e strutturata all'interno della quale il bambino può svolgere le proprie attività. Questo gli permette di non "disperdersi", sia per un fatto di concentrazione sia per una questione di ordine.

Mostrate al bambino le diverse fasi dell'attività prima di invitarlo a provare a sua volta. Iniziate collocandovi di fronte al tappetino o alla tovaglietta, sul lato più corto.

Afferrate le estremità del lato corto, ripiegatelo verso l'interno e, con rapidi movimenti delle dita, arrotolate la tovaglietta o il tappetino.

Quando il rotolo avrà raggiunto un certo spessore, picchiettatene i bordi laterali per allinearli bene e concludete l'operazione. Ritirate la tovaglietta o il tappetino.

Per proporre ogni giorno questo esercizio, scegliete tovaglioli di stoffa e portatovaglioli: oltre a essere una scelta ecologica, i bambini si divertiranno a piegarli e arrotolarli alla fine del pasto!

Ventagli di pasta sfoglia ai lamponi

PREPARAZIONE: 10 MIN
RIPOSO: 30 MIN
COTTURA: 18 MIN
PER 10 VENTAGLI CIRCA

1 rotolo di pasta sfoglia
1/3 di vasetto di marmellata di lamponi

Srotolare delicatamente la pasta sfoglia sul piano di lavoro, poi spalmarvi sopra un abbondante strato di marmellata di lamponi.

Arrotolare strettamente un lato della pasta fino al centro (attenzione ad arrivare esattamente a questo punto!). Ripetere l'operazione con l'estremità opposta, poi mettere in freezer per 30 min per facilitare il taglio. Nel frattempo preriscaldare il forno a 200 °C.

Tagliare il rotolo a fette di circa 1 cm di spessore e disporle su un foglio di carta da forno, sulla placca da forno.

Infornare per circa 12 min, poi passare sotto il grill e far cuocere i ventagli per altri 3 min per farli dorare bene.

Lasciare raffreddare, poi staccare delicatamente i ventagli. Si conserveranno per alcuni giorni in un contenitore a chiusura ermetica.

Le piccole mani possono

Srotolare e arrotolare la pasta sfoglia, spalmare la marmellata, tagliare i ventagli, disporli sulla placca da forno, sorvegliare la cottura.

USARE LA FRUSTA DA CUCINA, MESCOLARE

Dai 3 anni

Spruzzi, ciotole rovesciate, miscele poco riuscite... Tanti sono i rischi quando non si padroneggiano perfettamente attività che sembrano così semplici per gli adulti! Invitate il bambino a fare pratica con la pastella per frittelle: né troppo liquida né troppo densa, sarà perfetta per questo tipo di esercizio!

Per mescolare bene sono indispensabili accessori su misura e adatti alla forza del bambino: un piccolo cucchiaio di legno, una frusta da cucina di buona qualità in versione mini e una ciotola o un'insalatiera, preferibilmente dotata di fondo antiscivolo, con un manico e un beccuccio.

Mostrate al bambino come tenere il cucchiaio o la frusta con la mano dominante, il manico o il bordo della ciotola con l'altra mano. Poi proponetegli di mescolare con un ampio movimento circolare controllando la velocità (è importante precisarlo!), insistendo sul fatto che il contenitore deve rimanere ben fermo.

Dopo alcuni minuti bisogna controllare che gli ingredienti siano perfettamente amalgamati. Per ottenere un risultato soddisfacente, attirate l'attenzione del bambino sulla necessità di "raschiare" i bordi e il fondo della ciotola, per poi mescolare di nuovo.

Frittelle calde

PREPARAZIONE: 5 MIN
RIPOSO: 15 MIN
COTTURA: 5 MIN PER VOLTA
PER 10 FRITTELLE CIRCA

25 cl di bevanda vegetale alla vaniglia
2 cucchiai di lievito
1 cucchiaio di aceto di sidro di mele o succo di limone
150 g di farina di farro spelta integrale
1 cucchiaio di amido di mais
1 pizzico di sale
2 cucchiai di sciroppo d'acero o di zucchero
Un po' di burro, olio vegetale o olio di cocco per ungere la padella

Versare in una ciotola la bevanda vegetale, il lievito e l'aceto di sidro di mele (che attiva il lievito!). Mescolare e lasciare riposare per 10 min.

In un'altra ciotola versare la farina, l'amido di mais e il sale. Aggiungere il composto liquido e lo sciroppo d'acero (o lo zucchero). Mescolare, poi far riposare per altri 5 min.

Mettere 2 cucchiaiate di pastella in una padella antiaderente leggermente unta (l'olio di cocco è delizioso!), distanziandole bene, e far cuocere a fuoco dolce. Quando cominciano a formarsi le bolle sulla superficie delle frittelle, girarle e proseguire la cottura per 1 o 2 min al massimo.

Servire subito con sciroppo d'acero, crema spalmabile, composta di frutta o frutta fresca.

Travasare la pastella rimasta in una bottiglia di vetro e conservarla in frigorifero per 3 o 4 giorni. Agitare prima dell'uso.

Le piccole mani possono

Dosare gli ingredienti, mescolare e anche, a partire dai 7 anni, cuocere le frittelle.

Accorgimento Ideale per una prima colazione invernale, tenete sempre in frigo una bottiglia di questa pastella per preparare frittelle calde tutte le mattine in soli 5 min. Da servire con le nostre creme spalmabili (vedi pagina seguente)!

Crema spalmabile alle mele

PREPARAZIONE: 10 MIN
COTTURA: DA 15 A 20 MIN
PER 1 VASETTO

4 grosse mele bio (tipo Renetta del Canada)
6 cucchiai di sciroppo d'agave
1 cucchiaio di aceto di sidro di mele bio
1 cucchiaio di crema di mandorle
1 cucchiaio di estratto di vaniglia
1 pizzico di fior di sale

Sbucciare le mele e tagliarle a pezzetti. Metterle in una casseruola, unire lo sciroppo d'agave, l'aceto e 2 cucchiai di acqua. Lasciar cuocere a fuoco lento per 15-20 min.

Versare il composto nel mixer, aggiungere la crema di mandorle, l'estratto di vaniglia e il fior di sale, poi frullare per 1 min. Travasare in un barattolo di vetro, lasciare raffreddare e degustare! Si conserva in frigorifero al massimo per una settimana.

Le piccole mani possono

Spezzettare il cioccolato, misurare e travasare gli ingredienti, sbucciare una mela.

Crema spalmabile al cioccolato

PREPARAZIONE: 5 MIN
PER 1 VASETTO

100 g di cioccolato al 70% cacao
1 cucchiaino di olio di cocco
50 g di crema di anacardi
50 g di crema di nocciole
2 cucchiai di sciroppo di cocco (o agave o acero, oppure miele)

Spezzettare il cioccolato e metterlo in un pentolino con l'olio di cocco. Aggiungere le creme di anacardi e nocciole e lo sciroppo di cocco, poi far sciogliere il tutto a fuoco lento continuando a mescolare fino a ottenere un composto omogeneo. Versare in un barattolo di vetro, lasciare raffreddare e degustare! Da conservare a temperatura ambiente.

CREARE I CUBETTI DI GHIACCIO AROMATIZZATI

Dai 3 anni

Per incoraggiare i bambini a bere a sufficienza durante l'estate, potete realizzare i cubetti di ghiaccio con sorpresa! È un interessante esercizio di motricità fine e di abilità manuale, che permetterà ai più piccoli di utilizzare una pipetta e pinze sottili: accessori che lo abitueranno in modo spontaneo a posizionare correttamente la mano per impugnare la penna quando sarà il momento.

Ecco due proposte che potrete realizzare.

Cubetti di ghiaccio allo sciroppo

- Versare in tre formine di alluminio un po' di sciroppo di granatina, di menta e di limone.
- Chiedere al bambino di prelevare con la pipetta una piccola quantità di sciroppo a sua scelta e di versarla in alcuni stampini della vaschetta per il ghiaccio (un solo colore alla volta). Potete mostrargli come ottenere un risultato screziato mischiando i colori. Fargli livellare con l'acqua, servendosi di una piccola caraffa, tutti gli stampini, poi mettere nel congelatore per almeno 4 ore.

Cubetti di ghiaccio con fiori e frutti

- Disporre un vasetto con piccoli frutti rossi e un altro con fiori commestibili.
- Riempire gli stampini con una pinzetta combinando diversamente i colori.
- Livellare con l'acqua e mettere nel congelatore per almeno 4 ore.

TAGLIARE - LIVELLO 1 Dai 3 anni

Usare il coltello è un'operazione che suscita preoccupazione nei genitori. Tuttavia, insegnare al bambino a servirsene in modo corretto, con serietà e grazie a esercizi a difficoltà crescente, non solo permetterà di prevenire gli incidenti domestici, ma faciliterà anche un uso efficace delle posate. E poi, che soddisfazione per vostro figlio!

In questo primo livello di esercizio, date la preferenza ad alimenti di consistenza morbida (fragola, banana, avocado) o di forma allungata (cetriolo, zucchina, carota), avendo cura di tagliarli preventivamente nel senso della lunghezza per poterli appoggiare in modo stabile sul tagliere. Scegliete una ricetta che non richieda di tagliare pezzi troppo regolari (come il gazpacho della pagina a fianco).

Per ragioni di sicurezza, utilizzate un coltello a punta arrotondata; è importante presentare l'esercizio in tono solenne: "Il coltello è un utensile da maneggiare con molta prudenza, per evitare di farsi male. Mi fido di te, so che farai attenzione".

Mostrate al bambino le diverse parti del coltello: prima il manico, poi la lama, insistendo sulla differenza fra il lato tagliente e quello non tagliente.

Poi fategli vedere come tenere l'alimento da tagliare con la mano non dominante, impugnando invece il coltello con quella dominante. Dopo aver posizionato il coltello con precisione, il bambino potrà abbassare la lama con gesto deciso. Dovrà poi spostare con la lama il pezzo tagliato, verificando che le dita della mano non dominante siano sempre posizionate correttamente (abbastanza distanti dalla lama), per poi proseguire l'operazione.

Per motivi di sicurezza, conviene fornire ai più piccoli (dai 2 anni e mezzo) un affettaverdure, con il quale i bambini possono premere con entrambe le mani sulla parte in plastica al di sopra della lama.

Gazpacho ultrafresco

PREPARAZIONE: 15 MIN
REFRIGERAZIONE: 1 H
PER 4 PERSONE

1 piccolo peperone rosso bio
1 cetriolo medio bio
1 cipollotto (senza la parte verde)
1 piccolo spicchio d'aglio
1 scatola di pomodori pelati bio (400 g)
6 cucchiai di olio extravergine d'oliva
2 cucchiai di aceto di Xérès
Sale, pepe

Lavare e tagliare grossolanamente il peperone dopo aver eliminato il peduncolo, la parte bianca e i semi. Sbucciare il cetriolo e tagliarlo a rondelle. Pelare il cipollotto e tagliarlo a grossi pezzi. Sbucciare l'aglio e togliere il germoglio interno.

Versare nel mixer tutte le verdure tagliate, il contenuto della scatola di pomodori pelati, l'olio d'oliva e l'aceto, un pizzico di sale e un po' di pepe. Frullare per almeno 5 min alla massima potenza.

Aggiustare di sale e pepe e, se necessario, aggiungere un po' d'acqua per ottenere una consistenza più liquida. Tenere in frigo per almeno 1 h. Servire con un filo di olio d'oliva.

Le piccole mani possono

Eliminare i semi del peperone, dosare i liquidi, versare gli ingredienti nel frullatore.

Suggerimento Scegliere preferibilmente verdure bio, perché quelle provenienti da agricoltura convenzionale contengono residui di pesticidi che potrebbero mettere a rischio la salute dei bambini.

Benefici per la salute Se il cervello non è ben idratato, le cellule non riescono a comunicare, subentrano difficoltà di memoria e comprensione, e possono scatenarsi le famose crisi di collera! Durante le calde giornate estive, bisogna fare in modo che i bambini assumano quantità adeguate di acqua (l'equivalente di 8 bicchieri al giorno). Le zuppe fredde costituiscono una soluzione pratica e spesso molto apprezzata (soprattutto se si ha l'accortezza di aggiungere una grossa cannuccia!).

USARE UNO SCAVINO PER FRUTTA

Dai 3 anni

Dare strane forme a frutta e verdura è un trucco che tutti i genitori conoscono per convincere i figli a consumare questi alimenti! Ma quando sono gli stessi bambini a incaricarsi di questa divertente attività, il risultato è assicurato! Usare uno scavino per frutta permette di esercitare la rotazione del polso e di lavorare su una semplice sequenza logica (prelevare, picchiettare, travasare).

Fate vedere al bambino come tenere l'accessorio e osservatene la forma semisferica. Passate il dito sui bordi leggermente taglienti.

Posizionate obliquamente lo scavino sulla superficie del frutto e premetelo sulla polpa effettuando un movimento di rotazione del polso per scavare una pallina.

Estraete la pallina e picchiettate il manico dello scavino sul bordo di una ciotola per farne cadere il contenuto. Ripetete l'operazione.

Per ottenere palline perfettamente sferiche, posate l'attrezzo frontalmente e, con il pollice della mano non dominante, premetelo sulla superficie effettuando con l'altra mano leggeri movimenti di rotazione del polso. Quando lo scavino sarà penetrato a sufficienza nella polpa, ruotatelo su se stesso per ultimare il taglio! Questo metodo può essere utilizzato anche per gli ortaggi, come patate e zucchine, per l'avocado ecc.

Per completare questa attività, proponete di preparare gli spiedini di frutta! Scegliendo frutti interi o tagliati a cubetti, i bambini avranno a disposizione un'infinità di elementi di colore e sapore diversi, con i quali preparare spiedini di frutta servendosi di stecchini di varie lunghezze e giocando sulle gradazioni di colore o rispettando una sequenza logica che avrete stabilito in precedenza.

Palline di melone-anguria e spiedini di frutta fresca

PREPARAZIONE: 5 MIN
PER 4-6 PERSONE

1/2 anguria
1 melone
Frutta fresca assortita: uva, lamponi, fragole, ananas, peschenoci, more, kiwi ecc.

Tagliare il melone a metà ed eliminare semi e filamenti.

Prelevare con lo scavino palline di melone e anguria mettendole man mano nelle coppette.

Lavare la frutta fresca e, se necessario, tagliarla a dadini. Preparare alcuni spiedini di frutta combinando armoniosamente i colori.

Completare la preparazione con una forchettina da dessert o un bastoncino da cocktail per facilitare la degustazione!

Le piccole mani possono

Tagliare la frutta a pezzetti, svuotare il melone, preparare gli spiedini, realizzare una bella presentazione.

Benefici per la salute Composta per il 98% di acqua, l'anguria, come il melone, è un frutto dissetante e nutriente. In estate è un'ottima soluzione per garantire ai bambini il giusto grado di idratazione senza doverli invogliare a bere!

VERSARE E DOSARE INGREDIENTI LIQUIDI

Dai 3 anni

Questa attività permette al bambino di lavorare sul controllo e sulla precisione dei gesti e di sviluppare la capacità di concentrazione. Di importanza fondamentale nel metodo Montessori, è un'abilità che viene acquisita progressivamente attraverso una serie di esercizi con diversi livelli di difficoltà, assolutamente coinvolgenti per il bambino.

Nel metodo Montessori, il bambino impara a versare in quattro fasi a difficoltà progressiva.

1. **Versare grossi grani** (ceci, fagioli secchi) da una caraffa in una ciotola (verso i 2 anni).

2. **Versare grani più piccoli** (lenticchie, riso, semolino) in contenitori più stretti (verso i 2 anni e mezzo).

3. **Versare acqua da una caraffa con manico nei bicchieri,** poi fino a un limite preciso, segnato con il pennarello (verso i 3 anni).

4. **Versare tenendo sollevati due recipienti,** inizialmente due caraffe (verso i 4 anni). Quando il bambino avrà acquisito un po' di pratica, gli si potrà proporre di dosare gli ingredienti con un cucchiaio o un cucchiaino (prima zucchero, poi liquidi), un'abilità molto utile per realizzare una ricetta di cucina!

Lasciate al bambino il tempo necessario per assimilare bene ciascuna fase, esercitandosi su appositi vassoi "montessoriani", prima di proporgli la ricetta presentata nella pagina a fianco. Generalmente di piccole dimensioni, le bottigliette di salsa di soia e di olio di sesamo sono abbastanza facili da maneggiare. Quando il bambino avrà acquisito maggiore abilità, potrà passare a ricette a base di latte o olio vegetale ecc., per le quali si utilizzano bottiglie più grandi e pesanti.

Le prime volte provvedete a segnare con un pennarello il limite fino al quale il bambino dovrà versare, o aiutatelo a contare fino a raggiungere la dose stabilita, dato che sarà probabilmente più concentrato sui gesti da compiere.

Cubetti di tofu fritti

PREPARAZIONE: 5 MIN
RIPOSO: 30 MIN
COTTURA: 8-10 MIN
PER 4 PERSONE

400 g di tofu naturale
4 cucchiai di salsa di soia tamari (meno salata della classica salsa di soia)
2 cucchiai di olio di sesamo + 1 cucchiaio di olio a scelta per la cottura
1 cucchiaino di zenzero grattugiato
1/2 cucchiaino di aglio in polvere

Tagliare il tofu a fette di 1 cm di spessore, poi a strisce sempre di 1 cm, per ricavarne dei cubetti.

Mettere i cubetti in un recipiente a chiusura ermetica. Dosare e versare nel recipiente la salsa di soia, l'olio di sesamo, l'aglio in polvere e lo zenzero grattugiato.

Chiudere il recipiente e agitarlo per distribuire bene il liquido e lo zenzero. Lasciare marinare per almeno 30 minuti. Si può anche preparare la marinata il giorno prima. Mescolare il tofu per due volte durante la marinatura.

Versare l'olio per la cottura in una padella e trasferirvi i cubetti di tofu con una pinza da cucina (per lasciare la marinata nel recipiente). Portare a fuoco vivo e rigirare i cubetti di tofu ogni 2 min circa per friggerli su tutti i lati. Quando saranno ben dorati, servire subito accompagnando con riso o verdure.

Le piccole mani possono

Tagliare il tofu a cubetti, dosare gli ingredienti, amalgamare, mescolare il tofu nella marinata.

Benefici per la salute Il tofu è un prodotto derivato dalla soia, un legume molto ricco di proteine, e costituisce pertanto un'eccellente alternativa alla carne. Inoltre è un alimento economico ed ecologico (la coltivazione della soia richiede minori quantità di acqua e di energia rispetto alla produzione di carne). Può essere occasionalmente proposto nella dieta.

IMPASTARE - LIVELLO 1

Dai 3 anni

Impastare è un esercizio molto interessante da proporre ai bambini perché permette di sviluppare i muscoli della mano e del polso. L'impasto per gli gnocchi di patate è ideale per imparare a svolgere correttamente questa attività! E potrebbe benissimo sostituire la pasta da modellare come passatempo della domenica pomeriggio!

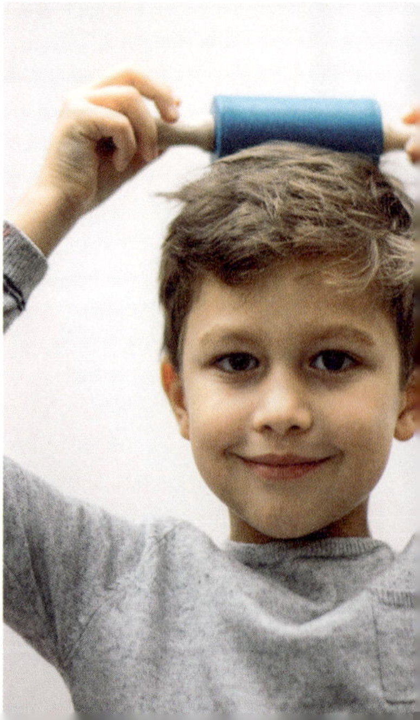

Morbido e molto malleabile, l'impasto per gli gnocchi non teme le manipolazioni prolungate (a differenza di quelli che contengono burro, come la pasta brisée). Per aiutare il bambino a capire meglio come si esegue questa difficile operazione, dividete l'impasto in più porzioni per mostrargli come procedere, poi rimanete vicino a lui dandogli l'esempio.

Appoggiate entrambe le mani sull'impasto, mantenendo le dita ben chiuse. Premete leggermente facendolo rotolare dalla base del palmo fino alla punta delle dita (per "sentire" il movimento, potete chiedere al bambino di ripetere più volte l'operazione a occhi chiusi). Eseguite il movimento senza fermarvi, distanziando gradualmente le mani in modo da formare un cilindro di spessore uniforme.

Per aiutare il bambino a tagliare gnocchi di dimensioni regolari, fornitegli un modello da posizionare sul cilindro di pasta e da spostare man mano che procede con il taglio.

Gnocchi di patate al sugo di pomodoro

PREPARAZIONE: 25 MIN
COTTURA: 25 MIN
PER 4 PERSONE

600 g di patate a pasta farinosa
150 g di farina + la quantità necessaria per impastare
1 tuorlo d'uovo
Sale

PER IL SUGO AL POMODORO
2 scatole di pomodori pelati bio
3 cucchiai di olio d'oliva
2 scalogni tritati
2 spicchi d'aglio schiacciati
1 pezzetto di carota
1 piccolo gambo di sedano
2 cucchiai di mascarpone
1-2 cucchiai di basilico tritato
Sale, pepe
Capperi, olive tagliate a rondelle, parmigiano (facoltativi)

Le piccole mani possono

Pelare le patate, dosare gli ingredienti, impastare, tagliare gli gnocchi.

Pelare le patate e cuocerle al vapore per 20-30 min (in modo che non assorbano troppa acqua).

Per il sugo al pomodoro, soffriggere lo scalogno e l'aglio nell'olio, poi aggiungere i pomodori pelati, il pezzetto di carota (che toglie acidità al pomodoro) e il sedano affettato. Cuocere a fuoco lento per 20 min. Unire il mascarpone e il basilico. Azionare per qualche secondo il frullatore a immersione. Assaggiare e condire con sale e pepe. Mettere da parte.

Una volta cotte le patate, spappolarle con lo schiacciapatate. Scavare un cratere nel puré, aggiungere metà della farina, salare e pepare. Mescolare. Incorporare un po' per volta la farina rimanente e l'uovo, poi impastare fino a ottenere una palla di consistenza morbida e non collosa (regolare la farina a seconda della quantità d'acqua assorbita dalle patate).

Infarinare il piano di lavoro e formare 4 porzioni da modellare in lunghi cilindri di 2 cm di spessore. Tagliarli a pezzetti di 1-2 cm, premerli sui rebbi di una forchetta per creare i solchi e metterli in frigorifero.

Al momento di servire, riscaldare il sugo a fuoco dolce dopo aver aggiunto uno o più ingredienti facoltativi.

In una pentola portare a ebollizione abbondante acqua salata, poi versare gli gnocchi. Non appena risalgono in superficie sono cotti. Scolarli, versarli di nuovo nella pentola, unire il sugo al pomodoro, mescolare e servire!

Accorgimento Congelate il sugo avanzato e utilizzatelo per condire altri piatti di pasta.

GIRARE UNA MANOVELLA

In un'epoca in cui le nostre cucine sono superaccessoriate di moderni elettrodomestici multiuso, il gesto di girare una manovella acquista un delizioso sapore d'altri tempi... Ma offre anche ai bambini la possibilità di sminuzzare ogni tipo di alimento senza correre il rischio di tagliarsi!

Dai 3 anni e 1/2

Questo esercizio richiede forza e coordinazione: la mano non dominante deve tenere saldamente l'attrezzo mentre quella dominante aziona la manovella... Un po' come andare in bicicletta, ma usando le mani!

Le prime volte, offrite il vostro aiuto premendo sull'alimento o sull'attrezzo mentre il bambino si occuperà "solo" di girare la manovella, per acquisire pratica con il movimento.

Poi, un po' per volta, lasciate che faccia da solo, variando le proposte: grattugia per formaggio, passaverdure, spiralizzatore per verdure, vecchio macinacaffè, sbucciamela, macinino per noce moscata... Esistono numerosi tipi di manovella e altrettanti modi di utilizzarli!

Spaghetti di verdure in versione autunno-inverno

PREPARAZIONE: 15 MIN
COTTURA: 20 MIN
PER 4 PERSONE

1 barbabietola, preferibilmente bio
1 sedano rapa, preferibilmente bio
1 patata dolce, preferibilmente bio
Olio d'oliva
1 cucchiaino di aglio in polvere
1 cucchiaino di cumino, curcuma o zaatar (miscela di spezie libanese)
Sale, pepe

PER LA SALSA (FACOLTATIVO)
3-4 cucchiai di tahina (salsa di semi di sesamo)
Il succo di 1 limone
5 cucchiai di acqua

Preriscaldare il forno a 200 °C. Foderare la placca con carta da forno.

Lavare e asciugare le verdure. Se sono bio si possono conservare le bucce, che risulteranno croccanti dopo la cottura! Altrimenti occorre sbucciarle.

Tagliare le estremità e passarle una dopo l'altra nello spiralizzatore, per ottenere gli spaghetti di verdure.

Disporre gli spaghetti sulla placca da forno ed eventualmente tagliarli con le forbici! Annaffiare con abbondante olio d'oliva, salare e pepare, cospargere di spezie. Mescolare a mano delicatamente e infornare per 20 min, rigirando gli spaghetti di tanto in tanto con una pinza da cucina per ottenere una cottura uniforme.

Per preparare la salsa, versare la tahina nel frullatore, unire il succo di limone, la metà dell'acqua e una presa di sale. Frullare, poi, se necessario, aggiungere un po' d'acqua per ottenere una consistenza meno densa.

Servire su un piatto e versare la salsa sugli spaghetti.

Le piccole mani possono

Lavare le verdure, condire e mescolare a mano gli spaghetti, preparare la salsa.

Variante Per questa ricetta abbiamo scelto la barbabietola, il sedano rapa e la patata dolce per ottenere una gradevole combinazione di colori e sapori, ma potete anche provare con la zucca butternut, la pastinaca, il cavolo rapa viola... ma anche con le classiche patate! Scoprite gli spaghetti di verdure in versione primavera-estate a p. 103!

AFFETTARE GLI ALIMENTI DURI

Dai 4 anni

Che si tratti di cucinare o di mangiare a tavola, tagliare gli alimenti con un movimento orizzontale è un'abilità difficile da acquisire per i bambini. Per esercitarsi, non c'è niente di meglio di un alimento a forma allungata, come il rabarbaro o il porro, che permette di far lavorare solo la mano adibita al taglio.

Prima che il bambino inizi l'attività, spiegategli qual è la posizione corretta delle dita: l'indice della mano dominante deve poggiare alla base della lama del coltello, mentre l'altra mano, che tiene l'alimento da tagliare, deve rimanere a una certa distanza dalla lama per evitare spiacevoli incidenti.

Mostrate al bambino come effettuare un movimento in orizzontale, avanti e indietro, premendo sulla lama.

Quando il coltello tocca il tagliere (o il piatto), bisogna servirsene per spostare di lato il pezzo tagliato.

Invitate il bambino a verificare da solo che le dita di entrambe le mani siano sempre ben posizionate prima di ricominciare l'attività.

Sandwich gelato fragola-rabarbaro

PREPARAZIONE: 30 MIN + CONGELAMENTO
COTTURA: 20 MIN
PER 10 SANDWICH GELATO

150 g di yogurt greco
150 g di mascarpone
1 cucchiaino di aroma alla vaniglia
150 g di rabarbaro
100 g di fragole
3 cucchiai di sciroppo d'acero, d'agave o di zucchero di canna integrale in polvere

PER LA COPERTURA
1 cucchiaio di sciroppo d'acero
1 tazza di nocciole (100 g)
1/2 tazza di fiocchi d'avena (30 g)
2 cucchiai di cacao in polvere
1 pizzico di sale
1 cucchiaio di olio di cocco
8-10 datteri denocciolati (100 g)

Frullare le nocciole, i fiocchi d'avena, il cacao e il sale, poi mettere da parte. Frullare i datteri, lo sciroppo d'acero e l'olio di cocco. Aggiungere il composto precedente e frullare di nuovo per ottenere un impasto morbido. Dividere in due porzioni uguali.

Posare una teglia rettangolare su un foglio di carta da forno e disegnarne il contorno con una matita. Versare al centro una porzione di impasto, ricoprirlo con carta da forno e stenderlo uscendo un po' dal contorno. Tagliare l'eccedenza con un coltello. Mettere l'impasto (con sotto la carta) nella teglia e trasferire nel congelatore.

Tagliare il rabarbaro a tocchetti e mondare le fragole. Mettere il rabarbaro in una casseruola con lo sciroppo d'acero e cuocere a fuoco lento per 20 min. Frullare grossolanamente con le fragole e lasciare raffreddare.

Con una frusta da cucina sbattere il mascarpone con la vaniglia e lo zucchero. Incorporare lo yogurt un po' alla volta, amalgamando bene fino a ottenere una crema di consistenza leggera. Versare il composto sull'impasto e aggiungere la salsa di fragole e rabarbaro in modo da ottenere un effetto screziato. Mettere in freezer per 2 h.

Preparare la seconda porzione di impasto come la prima. Bucherellare con una forchetta e disporre sulla salsa di fragole e rabarbaro. Mettere nel congelatore per altre 3-4 h.

Estrarre dalla teglia e rifilare con precisione i bordi. Con un lungo coltello precedentemente immerso in acqua calda tagliare 10 rettangoli o 20 quadrati. Avvolgere i sandwich nella carta da forno e rimetterli nel congelatore prima di degustarli!

Variante In mancanza del rabarbaro, raddoppiare la quantità di fragole o sostituire fragole e rabarbaro con lamponi o ciliegie! Potete anche screziare la crema vanigliata con 250 g di lamponi ridotti in salsa (filtrare con un colino per eliminare i semi) o di cioccolato fondente fuso.

Le piccole mani possono

Pulire le fragole, denocciolare i datteri, disegnare il contorno della teglia sulla carta da forno, mescolare la crema e la frutta ecc.

STENDERE UN IMPASTO E FODERARE UNO STAMPO

Dai 4 anni

Facile da preparare e personalizzabile a piacere, la torta salata con pomodori e senape è una ricetta che tutte le mamme del mondo ci invidiano! Soprattutto quando i nostri bambini impareranno a farla da soli! Stendere la pasta brisée è un'operazione che presenta un elevato grado di difficoltà, dato che richiede forza e abilità manuale! Vediamo in dettaglio le diverse fasi di lavorazione.

Fissare con il nastro adesivo un foglio di carta da forno direttamente sul piano di lavoro (una volta stesa, sarà più facile trasferire la pasta nello stampo).

Posare lo stampo al centro del foglio e tracciarne il contorno a matita per ottenere una sagoma. Posizionare la palla di pasta al centro del cerchio e iniziare ad appiattirla con i palmi di entrambe le mani.

Prendere il matterello, poggiarlo sulla pasta ed eseguire movimenti avanti e indietro esercitando una leggera pressione. Dirigere il matterello verso i bordi del cerchio disegnato sulla carta da forno fino a ricoprire con la pasta l'intera sagoma.

Proseguire per 3-4 cm oltre la linea a matita per realizzare i bordi. Staccare il nastro adesivo e trasferire la pasta (sulla carta da forno) direttamente nello stampo.

Premere al centro con il palmo della mano per disporla correttamente. Farla poi aderire ai bordi premendo all'interno con indice e medio e all'esterno con il pollice. Fare il giro completo dello stampo.

Assicurarsi che la pasta fuoriesca leggermente dai bordi dello stampo, pizzicarla delicatamente per evitare che ricada all'interno durante la cottura, poi eliminarne l'eccesso. È raro che i piccoli chef riescano a resistere: di solito i bambini adorano la pasta brisée cruda!

Torta salata “French mums & kids”

PREPARAZIONE: 25 MIN
COTTURA: 40 MIN
PER 4 PERSONE

PER LA PASTA
250 g di farina
1/2 cucchiaino di sale
8 cl di olio d’oliva
Circa 10 cl di acqua a temperatura ambiente

PER LA FARCITURA
2 cucchiai di senape di Digione
2 grossi pomodori (o 4-5 pomodori normali)
Sale, pepe
Timo, origano

Preriscaldare il forno a 180 °C.

Preparare prima la pasta. Versare in una ciotola la farina, il sale e l’olio, poi amalgamare a mano gli ingredienti: la pasta diventerà friabile. Incorporare poca acqua per volta e lavorare l’impasto fino a ottenere una consistenza liscia e omogenea.

Infarinare il piano di lavoro e stendere la pasta con un matterello da pasticceria. Foderare lo stampo e bucherellare il fondo con una forchetta.

Versare la senape al centro dello stampo e distribuirla in modo uniforme con il dorso di un cucchiaio.

Lavare e tagliare i pomodori a fette di circa 3 cm di spessore. Disporli accuratamente sullo strato di senape. A questo punto, si può scegliere di personalizzare la torta salata con capperi, olive, tonno sminuzzato ecc.

Cospargere con un po’ di sale, pepe, origano e timo, poi infornare per 40 min. Servire la torta calda, tiepida o fredda.

Le piccole mani possono

Dosare gli ingredienti, preparare la pasta, spalmare la senape, disporre i pomodori e gli altri ingredienti.

SBUCCIARE

Dai 4 anni

Ecco una versione primaverile delle patatine fritte per far felici i bambini, che potranno così applicarsi a una nuova attività. Sbucciare con un pelapatate è un compito delicato che richiede concentrazione e abilità manuale. Affidare al bambino questa responsabilità rappresenta una tappa importante che sottolinea la fiducia nelle sue capacità. Cercate di valorizzare il più possibile questo momento.

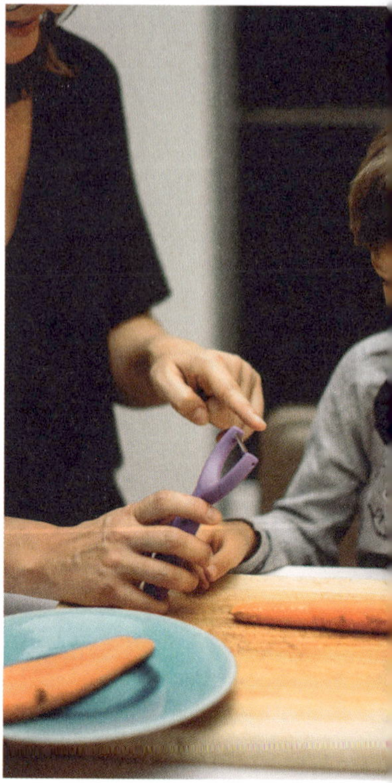

Proponete al bambino di scegliere una grossa carota facendo attenzione a lasciare qualche centimetro di foglie. Sarà così più facile tenere l'ortaggio senza rischiare di tagliarsi.

Attirate l'attenzione del bambino sulle parti del pelapatate: la lama basculante che taglia, l'impugnatura.

Mostrategli come tenere il pelapatate nella mano dominante, mentre l'altra mano tiene l'ortaggio per il ciuffo, in posizione orizzontale.

Poi fategli vedere come far scivolare l'attrezzo sulla carota premendo delicatamente, dalla base fino all'estremità, con un lungo movimento orizzontale.

Prima di ripetere l'operazione si deve ruotare leggermente l'ortaggio. Fate notare al bambino la differenza di colore tra la parte sbucciata e quella ancora da sbucciare, in modo che possa seguire meglio l'andamento del lavoro.

A partire dai 5 anni, il bambino potrà provare a sbucciare gli asparagi (è più difficile!) tenendoli delicatamente per la punta e cominciando a 5 o 6 cm dalla base del gambo.

Bastoncini di verdure primaverili

PREPARAZIONE: 15 MIN
COTTURA: 20 MIN
PER 4 PERSONE

1/2 mazzo di asparagi
2 zucchine
3 carote
2 manciate di fagiolini
3 tazze di panko (pangrattato giapponese) o normale pane grattugiato
1 pizzico di sale
2 uova
3 cucchiai di acqua
1 tazza di farina

PER LA SALSA
1 yogurt bianco naturale
1 cucchiaio di succo di limone + un po' di scorza
1 pizzico di sale
Erbe aromatiche fresche
1 cucchiaio di salsa sriracha (salsa thailandese piccante)

Pelare gli asparagi e le carote, pulire i fagiolini. Tagliare le carote e le zucchine a bastoncini.

Preriscaldare il forno a 220 °C. Distribuire il panko su carta da forno disposta sulla placca di cottura, e infornare finché non risulterà dorato.

Preparare il piano di lavoro con, da sinistra a destra: il panko in un piatto piano, le uova sbattute con l'acqua in una fondina, la farina in un piatto piano e la placca foderata con carta da forno.

Passare a uno a uno i bastoncini di carota e zucchina nella farina, poi nelle uova sbattute, infine nel panko (premere bene per far aderire il pangrattato). Disporli ordinatamente sulla placca da forno e infornare per 10 min.

Estrarre la placca, aggiungere gli asparagi e i fagiolini impanati e salare. Infornare per 8-10 min.

Nel frattempo preparare la salsa miscelando tutti gli ingredienti in una ciotola.

Servire in piatti ovali accompagnando con una coppetta di salsa.

Le piccole mani possono

Lavare e preparare le verdure, rompere e sbattere le uova, impanare le verdure, preparare la salsa.

Accorgimento Per facilitare la preparazione, mettere una piccola quantità di verdure in un sacchetto da freezer, versare all'interno un po' di farina e scuotere!

IMPASTARE - LIVELLO 2

Dai 4 anni e 1/2

I bambini adorano la pizza! Ma quello che amano ancora di più è prepararla da soli: affondare le mani negli ingredienti per amalgamarli sino a formare una palla da impastare a lungo è un'attività davvero divertente! Ma soprattutto è un esercizio molto utile per le loro piccole mani!

Al momento di scavare un foro nella farina e di versare il liquido (vedi ricetta nella pagina a fianco), spiegate le diverse fasi di preparazione: "Prima mescola il liquido e la farina con un cucchiaio di legno o con la punta delle dita. Quando inizierà a formarsi l'impasto e diventerà difficile maneggiare il cucchiaio, sarà ora di mettere davvero le mani in pasta!".

Cominciate a impastare nella ciotola, premendo sull'impasto con il palmo della mano e staccandolo dai bordi per ripiegarlo all'interno. Quando si staccherà facilmente dal contenitore, infarinate il piano di lavoro e posatevi la palla di pasta.

"Lavorate" la pasta arrotolandola, piegandola, ripiegandola, impastandola, appiattendola, picchiettandola con il palmo. Ci vorranno circa 5 minuti di intenso lavoro fisico per ottenere un impasto di consistenza morbida ed elastica, segno che il vostro impegno ha dato i suoi frutti!

Mescolare a mano gli ingredienti per ottenere un impasto e poi lavorarlo sono due operazioni che sviluppano la muscolatura delle mani e dei polsi dei bambini.

Per concludere proponete di eseguire tutte le fasi della ricetta: distribuire la passata di pomodoro, tagliare finemente gli ingredienti per la farcitura e disporli sulla pasta sono tutte operazioni che richiedono precisione e concentrazione! E poi... degustare in famiglia il risultato di tutto questo impegno non è forse un premio straordinario?

Pizza fatta in casa

PREPARAZIONE: 25 MIN
RIPOSO: MINIMO 30 MIN
COTTURA: 30 MIN
PER 1 PIZZA GRANDE

PER LA PASTA
300 g di farina
2 cucchiaini di sale
2 cucchiaini di zucchero
1 bustina di lievito istantaneo (8 g)
1 cucchiaio di olio d'oliva
45 cl di acqua tiepida

PER LA FARCITURA
6-8 cucchiai di passata di pomodoro
2 mozzarelle
Olive denocciolate
E... altri ingredienti a scelta!

Le piccole mani possono

Dosare gli ingredienti, stendere la pasta, distribuire la passata di pomodoro, denocciolare le olive, tagliare gli ingredienti per la farcitura e guarnire la pizza.

In una ciotola sciogliere il lievito e lo zucchero in acqua tiepida e lasciar riposare per circa 10 min.

In un altro recipiente mescolare la farina e il sale. Praticare un foro al centro, versare il contenuto della ciotola e mescolare a mano fino a formare una palla. Impastare per 5 min (anche a quattro mani se la cosa diventa difficile!). Disporre in una teglia unta con olio, coprire con un telo e lasciare riposare per almeno 30 min (sarebbe meglio 2 h!).

Sollevare il telo... Il volume della pasta è raddoppiato? Perfetto! Adesso stenderla su un piano di lavoro infarinato (o su un foglio di carta da forno), prima a mano, poi con un matterello.

Due possibilità: o si preparano due pizze rotonde, oppure si stende l'impasto sulla placca del forno precedentemente rivestita con un foglio di carta da forno.

Preriscaldare il forno a 180 °C.

E ora occupiamoci della farcitura! Tagliare gli ingredienti: striscioline di prosciutto cotto, fettine di champignon, dadini di salame, pezzetti di cuori di carciofo ecc. Affettare finemente anche la mozzarella.

Distribuire la passata di pomodoro fino a 1 cm dal bordo della pasta. Aggiungere gli ingredienti per la farcitura, poi ricoprire con le fettine di mozzarella. Guarnire con qualche oliva.

Infornare nella parte più bassa del forno e cuocere per 30 min. La pizza è pronta!

TAGLIARE – LIVELLO 2 (FETTINE E CUBETTI)

Dai 4 anni e 1/2

Quando il bambino avrà imparato a usare bene il coltello (in termini di efficacia e sicurezza), sarà arrivato il momento di aumentare la difficoltà: proponetegli di tagliare, con la massima precisione, prima cubetti e poi fette sottili, per sviluppare il più possibile la capacità di concentrazione e l'abilità manuale. Per facilitare questo apprendimento complesso conviene procedere per fasi successive.

Innanzitutto suggerite al bambino di tracciare con il coltello alcune lunghe linee su una fetta di prosciutto cotto piuttosto spessa, prima in senso orizzontale e poi verticale. Insistete sulla necessità di tracciare linee diritte, uniformemente distanziate tra loro, da un'estremità all'altra della fetta di prosciutto con movimenti ampi e fluidi ed esercitando una pressione costante sul coltello. Se le linee verticali sono troppo difficili (o pericolose) da tracciare per le piccole mani, potete ruotare di 90° la fetta di prosciutto per permettere al bambino di continuare a tracciare solo linee orizzontali.

Proponetegli poi di tagliare i fagiolini a pezzetti lunghi circa 5 mm. Inizierà con un fagiolino, tenendolo all'estremità con la mano non dominante e muovendo solo la mano che regge il coltello. Insistete sul fatto di ottenere pezzetti di identica lunghezza. Una volta acquisito il movimento, il bambino potrà tagliare mazzetti di 4 o 5 fagiolini. Suggeritegli poi di affettare i cetriolini e i ravanelli in modo da ottenere pezzetti sempre più sottili.

Infine proponetegli di tagliare le patate a cubetti. Preparatele prima in modo da presentarle al bambino in forma di parallelepipedo. Utilizzate un coltello piuttosto grande e mostrategli come posizionarlo per tagliare fette spesse 1 cm, premendo poi con il palmo sul bordo superiore della lama e reggendo il manico con la mano dominante. Posare le fette ottenute sul tagliere, sovrapporle con la massima precisione ed eseguire il taglio – questa volta in verticale – per ricavare dei bastoncini. Infine, tagliare di nuovo questi ultimi, sia singolarmente sia riuniti in gruppo, per ottenere i cubetti.

Insalata ricca per cene veloci

PREPARAZIONE: 20 MIN
COTTURA: 20 MIN
RIPOSO: 1 H

500 g di patate
500 g di fagiolini
1 dado da brodo
20 cetriolini circa
1 mazzo di ravanelli
6 fette di prosciutto cotto
Sale

PER IL CONDIMENTO
2 cucchiai di senape dolce
2 cucchiai di aceto aromatizzato alle noci
6 cucchiai di olio di colza
Prezzemolo ed erba cipollina tritati

Lavare le patate e i fagiolini. Cuocere le patate per circa 30 min in abbondante acqua con il dado da brodo e i fagiolini per 10 min in acqua bollente salata.

Scolare i fagiolini e passarli immediatamente sotto l'acqua fredda perché conservino un colore vivo e una consistenza leggermente croccante.

Estrarre le patate dal brodo e lasciarle raffreddare. Incidere la buccia di ciascuna patata e toglierla con le mani. Ripetere l'operazione finché tutte le patate non saranno sbucciate. Tagliarle a pezzetti o a cubetti e metterle da parte in un'insalatiera.

Spuntare i fagiolini con un coltello o con le forbici, poi tagliarli a pezzetti di 1 cm. Aggiungerli alle patate nell'insalatiera.

Affettare a sottili rondelle i cetriolini e i ravanelli. Tagliare a dadini le fette di prosciutto dopo avervi tracciato una serie di linee orizzontali e verticali. Versare il tutto nell'insalatiera.

Preparare il condimento: mettere in una ciotola la senape, aggiungere l'aceto e miscelare bene. Versare delicatamente l'olio emulsionandolo con una forchetta. Alla fine unire le erbe aromatiche tritate. Versare sull'insalata e mescolare.

Le piccole mani possono

Lavare e tagliare le verdure, sbucciare le patate (dai 2 anni), preparare il condimento per l'insalata.

Accorgimento È la ricetta ideale per le settimane superimpegnate! Preparata in anticipo, questa insalata ricca vi garantirà una cena sana con un minimo dispendio di tempo, e, anzi, sarà ancora più gustosa perché nel frattempo gli ingredienti si saranno impregnati del sapore delle erbe aromatiche e del condimento. Le quantità indicate vi permetteranno di servirla in tavola più di una volta!

UTILIZZARE UNA TASCA DA PASTICCIERE

Dai 5 anni

È davvero gratificante saper utilizzare una tasca da pasticciere con la massima precisione e delicatezza! Riempire i conchiglioni è un esercizio piuttosto semplice, ma potete anche proporre al bambino di decorare una torta o di preparare dei muffin. Forma del beccuccio, colore della tasca, decorazioni realizzate... è davvero un bel modo di esprimere la propria creatività!

Afferrare la tasca dalla parte del beccuccio e ripiegare sulla mano il bordo di plastica per facilitare il riempimento.

Inserire la crema nella tasca servendosi di un cucchiaio. Premere delicatamente per concentrare il contenuto verso il beccuccio e chiudere la tasca attorcigliandone il bordo di plastica.

Reggere la tasca con entrambe le mani: mentre quella non dominante la tiene chiusa stringendone la parte alta, l'altra la manovra con precisione.

Esercitare una pressione regolare per far uscire la crema e tracciare linee o spirali a seconda del risultato desiderato. Se necessario, attorcigliare di nuovo la tasca per facilitare la fuoriuscita della crema.

Conchiglioni ripieni

PREPARAZIONE: 30 MIN
COTTURA: 1 H

20 conchiglioni (o una quantità corrispondente di conchiglie più piccole, anche se richiedono molta pazienza e abilità!)
1 cucchiaio di olio d'oliva
150 g di pancetta
200 g di champignon
2 cipollotti
1 spicchio d'aglio
200 g di ricotta
1 uovo
4 cucchiai di parmigiano grattugiato + la quantità necessaria per gratinare
Sale, pepe

PER LA SALSA AL POMODORO
Vedi ricetta p. 55

Le piccole mani possono

Preparare gli champignon, versare gli ingredienti nel frullatore, riempire i conchiglioni e disporli nella teglia da forno.

Iniziare a preparare la salsa al pomodoro, poi lasciarla tranquillamente intiepidire mentre si realizzano le altre fasi della ricetta.

Cuocere i conchiglioni in una grande pentola di acqua salata, poi scolarli. Per evitare che si attacchino, aggiungere un filo d'olio, mescolare e tenere da parte.

Mettere nel frullatore la pancetta, gli champignon (eliminare la parte inferiore del gambo), i cipollotti e l'aglio (sbucciato). Frullare grossolanamente.

Trasferire il composto in una padella per rosolarlo a fuoco vivo in 1 cucchiaio di olio d'oliva, fino a ottenere una bella doratura (se necessario, durante la cottura, togliere l'acqua rilasciata dai funghi).

Versare il preparato in una ciotola e aggiungere la ricotta, l'uovo e il parmigiano. Pepare.

Mescolare, poi trasferire questo ripieno in una tasca da pasticciere (o in un sacchetto da freezer di cui si taglia un angolo al momento dell'uso).

Versare la metà della salsa al pomodoro in una teglia da forno. Riempire i conchiglioni con la tasca da pasticciere, uno dopo l'altro, poi disporli nella teglia, con la parte aperta verso l'alto.

Distribuire la restante salsa al pomodoro. Coprire con un foglio di alluminio e mettere in forno per 30 min, dopo averlo preriscaldato a 180 °C.

Togliere il foglio di alluminio, cospargere di parmigiano e passare per qualche minuto sotto il grill finché il formaggio non risulterà ben dorato.

GRATTUGIARE

Dai 5 anni

Le verdure crude grattugiate costituiscono un antipasto o un contorno sano, economico e facile da preparare! Potendo partecipare alla realizzazione del piatto, il bambino sarà più invogliato a mangiarle, così che potrete proporgliele in tanti colori diversi ma sempre per fare il pieno di vitamine: barbabietola, carota, sedano, cavolo, finocchio, ravanello!

Come per tutte le attività che comportano rischi per il bambino, procedete per fasi successive. La prima volta mostrategli le varie parti che compongono la grattugia (in particolare quella provvista di dentini affilati a cui bisogna stare molto attenti!) e proponetegli di grattugiare un grosso pezzo di formaggio a pasta semidura, dato che la consistenza è più morbida rispetto a quella di una verdura. E poi lasciatelo fare!

Impugnare la grattugia con la mano non dominante, e con l'altra l'alimento da grattugiare facendo attenzione a mantenere le dita a una certa distanza dalla dentellatura. Premere l'alimento contro la grattugia ed effettuare un movimento continuo dall'alto verso il basso o avanti e indietro a seconda del tipo di utensile. Verificare regolarmente la posizione delle dita per evitare di avvicinarle troppo alla parte tagliente.

La ricetta che vi proponiamo nella pagina a fianco rappresenta un ottimo esercizio in quanto richiede di grattugiare solo le cimette di alcune varietà colorate di cavolfiore, tralasciando la sottostante parte bianca dell'ortaggio. Le dita del bambino resteranno così molto distanti dalle lame.

Questa ricetta fornisce anche l'occasione per sviluppare la capacità di degustazione dei bambini: contrasto fra caldo e freddo, cremoso e croccante, gusto morbido del purè e sapore vivace della vinaigrette. Analizzate con calma le vostre sensazioni e condividetele con il bambino.

Cavolfiore croccante e cremoso

PREPARAZIONE: 20 MIN
COTTURA: 15 MIN
PER 4 PERSONE

1 cavolfiore bianco
1 piccolo cavolfiore colorato: viola, arancione, verde (romanesco)
25 cl di brodo vegetale
2 cucchiai di panna acida
5 o 6 ravanelli affettati finemente
1 manciata di piselli surgelati

PER LA VINAIGRETTE
3 cucchiai di olio d'oliva
1/2 limone in salamoia tagliato a brunoise (minuscoli dadini)
1 cucchiaio di erba cipollina, prezzemolo e/o basilico tritato
1 cucchiaio di nocciole tritate o chicchi di melagrana (facoltativo)

Grattugiare le cime del cavolfiore colorato.

Preparare la vinaigrette miscelando tutti gli ingredienti, poi versarla sulle cimette grattugiate perché si impregnino bene.

Tagliare grossolanamente il cavolfiore bianco e la parte rimanente di quello colorato (il cui interno è spesso bianco) e immergere i pezzi nel brodo vegetale per 15-20 min. Frullare e aggiungere un po' di panna acida per ottenere una crema.

Distribuire un po' di questa crema sul fondo di ogni piatto, poi cospargere abbondantemente con il "taboulé" di cavolfiore.

Completare la presentazione aggiungendo (con una pinza da cucina) alcune rondelle di ravanello (ricavate con la mandolina affettaverdure) e i piselli appena scongelati in acqua bollente (in alternativa, per dare un tocco di colore o una consistenza più croccante al piatto, cospargere di chicchi di melagrana o nocciole tritate).

Le piccole mani possono

Lavare e tagliare i cavolfiori, tritare le erbe aromatiche, disporre con la pinza da cucina le rondelle di ravanello e i piselli per decorare i piatti.

Benefici per la salute Questa ricetta, che privilegia ingredienti crudi, preserva il contenuto di vitamina C del cavolfiore e valorizza il caratteristico sapore di questo ortaggio.

CUOCERE

Dai 5 anni

Il cioccolato, che deve essere sciolto a fuoco lento e mescolato ininterrottamente, è un ingrediente ideale per accostarsi all'arte della cottura! È evidente però che si tratta di un'operazione non priva di rischi per il bambino: per questo dovrete tassativamente rimanergli vicino per tutta la durata dell'attività.

Spiegate al bambino come è fatto il piano di cottura insistendo sul fatto che la casseruola deve essere posizionata correttamente sul fornello perché il contenuto si sciolga.

Approfittatene per ricordargli che il fornello scotterà e, di conseguenza, anche il tegame: bisogna perciò stare molto attenti e non toccare né l'uno né l'altro per evitare di scottarsi.

Proponete al bambino di mettere gli ingredienti nella casseruola. Spiegategli che il cioccolato è un ingrediente delicato, che rischia di bruciare rapidamente: deve perciò essere continuamente mescolato con un cucchiaio di legno.

Regolate la fiamma su un livello intermedio e lasciate che il bambino mescoli il composto, precisando che dovrà continuare a girare il cucchiaio finché il cioccolato non si sarà completamente sciolto e ben amalgamato con l'olio di cocco. Ciò eviterà di ricorrere alla cottura a bagnomaria generalmente consigliata, dato che quest'olio impedisce che il cioccolato si bruci.

Tortini fondenti al cioccolato

PREPARAZIONE: 10 MIN
COTTURA: 15 MIN
PER 6 TORTINI

2 uova
50 g di farina
40 g di zucchero a velo
100 g di cioccolato
50 g di olio di cocco

Preriscaldare il forno a 190 °C.

Togliere le uova dal frigorifero con un certo anticipo. Dosare e mettere da parte la farina e lo zucchero.

Spezzettare il cioccolato e metterlo nella casseruola con l'olio di cocco. Farlo sciogliere a fuoco lento continuando a mescolare.

Togliere dal fuoco. Aggiungere direttamente nella casseruola la farina e lo zucchero, poi mescolare di nuovo. Infine, incorporare le uova.

Quando il composto avrà raggiunto una consistenza omogenea, distribuirlo negli stampini per muffin leggermente unti e infornare per 15 min.

Le piccole mani possono

Spezzettare il cioccolato, dosare gli ingredienti, rompere le uova, mescolare, versare il preparato negli stampini.

2

Favorire le funzioni esecutive e la ricerca di autonomia

Le funzioni esecutive ci permettono di perseguire un obiettivo preciso, di svolgere in sequenza una serie di azioni, se necessario di adattare il nostro comportamento alle diverse situazioni: per questo rivestono un'importanza fondamentale, sia a scuola sia nella vita. Come genitori, dovete assolutamente impegnarvi a favorirne lo sviluppo nei vostri figli, perché queste abilità cognitive superiori contribuiscono ad aumentare la loro capacità di attenzione, a facilitare le varie forme di apprendimento, a sviluppare la facoltà di individuare soluzioni ai problemi! Per aiutarvi vi proponiamo diverse attività da svolgere in cucina: scegliete quelle che preferite, seguite le istruzioni relative all'organizzazione e godetevi lo spettacolo... Vedere i propri figli perdersi in abissi di concentrazione è davvero un'esperienza straordinaria!
Per saperne di più, leggete l'intervista a Jérôme Prado a p. 105.

SBUCCIARE, TAGLIARE E SCHIACCIARE UNA BANANA

Dai 2 anni

Prepararsi da soli uno spuntino o una merenda a base di banana richiede di eseguire una sequenza logica di operazioni molto interessanti per i bambini, anche quelli più piccoli. Ma sapete DAVVERO come si sbuccia una banana? Mostrate a vostro figlio l'impareggiabile tecnica degli scimpanzé!

Per sbucciare la banana, suggeritegli di tenerla "al contrario" e di premere leggermente con le dita l'estremità inferiore del frutto (scura) finché la buccia non cede, poi di tirarne delle strisce fino all'estremità opposta.

Per tagliare la banana, invitatelo a posarla sul piano di lavoro tenendola con la mano non dominante. Mostrategli come impugnare saldamente il coltello con l'altra mano e come abbassare la lama con gesto deciso per tagliare il frutto in due parti uguali.

Per la metà da consumare subito, proponetegli di tagliarla a pezzetti. Per preparare invece il Miam-Ô-Fruit (ricetta nella pagina a fianco), chiedetegli di aggiungere gli ingredienti liquidi (limone e olio), poi di schiacciare la polpa del frutto con una forchetta fino a trasformarla in purea.

Se il bambino ha meno di 2 anni, tagliate la banana a pezzetti (con la buccia), poi praticate alcune incisioni per facilitare la sbucciatura. Preparate due ciotole: una per le bucce e l'altra per i pezzetti di banana sbucciati.

Miam-Ô-Fruit

PREPARAZIONE: 5 MIN
PER 1 PORZIONE

1/2 banana
1 cucchiaio di succo di limone
1 cucchiaio di olio di semi di lino o di colza (facoltativo)
1 cucchiaino di semi: lino, sesamo, girasole
1 cucchiaio di frutta secca tritata: anacardi, mandorle, nocciole
1 cucchiaino di miele liquido
1 cucchiaino di noce di cocco grattugiata
1 manciata di frutta fresca di stagione tagliata a pezzetti: mela, albicocca, ciliegie, fragole o lamponi, kiwi, pera, acini d'uva, mirtilli, prugne ecc.

In un piattino schiacciare con la forchetta la mezza banana con il succo di limone e l'olio (facoltativo) fino a ottenere una poltiglia.

Aggiungere i semi precedentemente macinati, poi la frutta secca tagliata grossolanamente con il coltello. Terminare con la frutta di stagione tagliata a pezzetti.

Cospargere con il miele e la noce di cocco grattugiata. È pronto!

Le piccole mani possono

Lavare e tagliare la frutta, rompere la frutta secca con uno schiaccianoci, comporre il piatto disponendovi man mano gli ingredienti.

Benefici per la salute Triptofano, potassio, magnesio, fibre, omega-3 e omega-6, vitamina C... Il Miam-Ô-Fruit, ideato da France Guillain, è LA prima colazione ideale per avere energia inesauribile fino a mezzogiorno, un cervello che funziona a pieno ritmo e un umore sul bello stabile. Inoltre questa ricetta permette di consumare diversi tipi di frutta per tutto l'anno e può essere personalizzata a seconda dei gusti del bambino.

TRAVASARE CON IL CUCCHIAIO

Dai 2 anni

Nelle scuole Montessori, è stupefacente vedere come i bambini, con un cucchiaio in mano, siano completamente assorti nel travaso di grani di varie misure da un contenitore all'altro... È innegabile che i vassoi "montessoriani" dedicati ai travasi riscuotono un grande successo! Ecco come organizzare questa attività a casa vostra.

Disponete su un vassoio due ciotole in materiale frangibile, di cui una piena di grani, e un cucchiaio. Presentate tutti questi elementi al bambino prendendoli in mano uno dopo l'altro e nominandoli.

Enunciate lo scopo dell'esercizio: "Ti mostro come tenere un cucchiaio".

Fategli vedere come impugnare correttamente il cucchiaio posizionando le dita come illustrato nella foto a fianco. Poi travasate lentamente i grani da una ciotola all'altra, articolando bene i gesti. Proseguire finché tutti i grani non saranno stati trasferiti.

Nel caso in cui qualche grano fosse caduto fuori dalla ciotola, mostrate al bambino come recuperarlo con le dita "a pinza" (indice e medio uniti e posti a contatto con il pollice).

Constatate ad alta voce: "Non ci sono grani sul vassoio" (insistere su questo punto, si tratta del "controllo dell'errore" che il bambino sarà in grado di fare da solo) e "Tutti i grani sono nella ciotola" (sottinteso: "obiettivo raggiunto"!).

Lasciate che il bambino si eserciti da solo. Quando avrà imparato a eseguire correttamente l'esercizio, invitatelo a ripeterlo con l'altra mano! Difficile, vero? Proponete regolarmente alcune varianti di questa attività utilizzando un cucchiaino, un cucchiaio cinese (a fondo piatto), uno scavino per frutta e diversi tipi di grani.

Polpette di sardine ai cannellini

PREPARAZIONE: 20 MIN
COTTURA: 10 MIN
PER 4 PERSONE

500 g di filetti di sardine fresche
1 cipollotto
1 scatola da 400 g di fagioli cannellini lessati al naturale (235 g di prodotto sgocciolato)
8 steli di erba cipollina
1 cucchiaio di senape
1 cucchiaio di farina
2 uova
100 g di pangrattato
Olio d'oliva
Sale, pepe

PER LA SALSA DI ACCOMPAGNAMENTO
100 g di panna acida
1/2 limone non trattato
1/2 mazzetto di aneto
Pepe rosa

Le piccole mani possono

Tagliare i filetti di sardine, versare gli ingredienti nel frullatore, preparare la salsa di accompagnamento, modellare e impanare le polpette.

Tagliare a pezzetti i filetti di sardine. Affettare il cipollotto. Versare il tutto nel frullatore con i cannellini scolati, l'erba cipollina e la senape. Salare e pepare. Frullare finemente fino a ottenere un composto omogeneo. Preparare una certa quantità di polpette di 2,5 cm di diametro.

Per impanare le polpette, disporre da sinistra a destra: un piatto con la farina, un piatto con le uova sbattute, un piatto con il pangrattato e un piatto vuoto su cui mettere le polpette. Passare le polpette prima nella farina, poi nell'uovo sbattuto, infine nel pangrattato prima di disporle nel piatto. Mettere in frigorifero.

Per preparare la salsa, prelevare la scorza del limone e spremere il frutto per recuperarne il succo. Tritare l'aneto. Incorporare tutti gli ingredienti alla panna acida. Mescolare bene e aggiungere il sale e il pepe rosa.

Far scaldare l'olio d'oliva in una padella e dorare uniformemente le polpette. Servire subito accompagnando con la salsa.

Benefici per la salute Le sardine contengono omega-3 e acido docosaesaenoico, che contribuiscono allo sviluppo e al buon funzionamento del cervello e dei processi cognitivi. La loro associazione con i fagioli cannellini ne ammorbidisce il sapore facendone un piatto appetitoso e nutriente.

SGUSCIARE LE UOVA SODE

Dai 2 anni

Sgusciare le uova sode è IL piacere più grande per le piccole mani! Per permettere al bambino di sviluppare le funzioni esecutive, predisponete il suo spazio di lavoro con: a sinistra, una ciotola contenente le uova sode; di fronte, una ciotola per raccogliere i gusci d'uovo; a destra, una ciotola in cui mettere le uova sgusciate.

Prendere un uovo, poi picchiettarlo sul piano di lavoro per rompere il guscio. Sgusciarlo con la massima delicatezza e precisione, fino a togliere tutti i pezzetti di guscio.

Verificare che l'uovo sia completamente sgusciato ruotandolo in tutte le direzioni. (Potete insistere su questo passaggio commentandolo: "Non ci sono più pezzetti di guscio sull'uovo. L'uovo è sgusciato".) Metterlo poi nella ciotola di destra. Ripetere l'operazione.

Per prolungare l'esercizio, proponete al bambino di provare con le uova di quaglia o di affettare le uova con un tagliauovo!

Uova rosa e insalata di barbabietole

PREPARAZIONE: 10 MIN
RIPOSO: 30 MIN
COTTURA: 7 MIN
PER 4 PERSONE

4 uova
4 barbabietole cotte
1 scalogno
1 cucchiaio di prezzemolo tagliuzzato
1 spicchio d'aglio schiacciato
3 cucchiai di aceto di sidro di mele
3 cucchiai di olio d'oliva
1/2 cucchiaino di sale
1/2 cucchiaino di pepe
1 cucchiaino di cumino
1 cucchiaino di miele (facoltativo)

Togliere le uova dal frigorifero 10 min prima di cuocerle.

Aprire la confezione di barbabietole avendo cura di recuperare il succo in una casseruola e allungarlo con un po' d'acqua a cui sarà stato aggiunto 1 cucchiaio di aceto di sidro di mele.

Far bollire dell'acqua e immergervi delicatamente le uova con un cucchiaio. Portare di nuovo a ebollizione, coprire e calcolare 7 min di cottura! Sgusciare le uova e metterle nella casseruola con il succo di barbabietole. Lasciarle immerse per 30 min rigirandole con regolarità perché si impregnino di colore e sapore.

Nel frattempo, tagliare le barbabietole a cubetti e versarle in un'insalatiera. Sbucciare lo scalogno e lo spicchio d'aglio, poi affettare il primo e tritare il secondo. Aggiungerli all'insalatiera, con il prezzemolo tagliuzzato, il sale, il pepe e il cumino. Unire l'olio d'oliva e l'aceto (2 cucchiai), mescolare e lasciare marinare in frigorifero il tempo necessario a far diventare rosa le uova. Servire le uova tagliate a metà su un letto di insalata di barbabietole.

Variante Dopo averle cotte e sgusciate, potete immergere le uova nella salsa di soia (uovo marrone), o nell'acqua con qualche foglia di cavolo rosso frullato (uovo blu), oppure nella curcuma (uovo giallo). Effetto garantito!

Benefici per la salute L'uovo è un alimento ricco di proteine, vitamine B e A (utili per la crescita) e vitamina D (che contribuisce a fissare il calcio). Potete proporlo al bambino più volte a settimana, in sostituzione della carne o del pesce. Evitate semplicemente di cucinarlo con aggiunta di grassi (maionese, formaggio, burro) e di cuocere il tuorlo troppo a lungo. Per quanto riguarda la barbabietola, vanta un elevato contenuto di ferro e acido folico.

Le piccole mani possono

Dosare gli ingredienti, schiacciare l'aglio e tagliuzzare il prezzemolo con le forbici.

SNOCCIOLARE

Dai 2 anni

Un esercizio molto efficace per sviluppare le funzioni esecutive dei bambini! Dovranno infatti memorizzare la consegna, pianificare l'attività e rimanere concentrati per raggiungere l'obiettivo prefissato... potendo però sempre contare sulla nostra collaborazione!

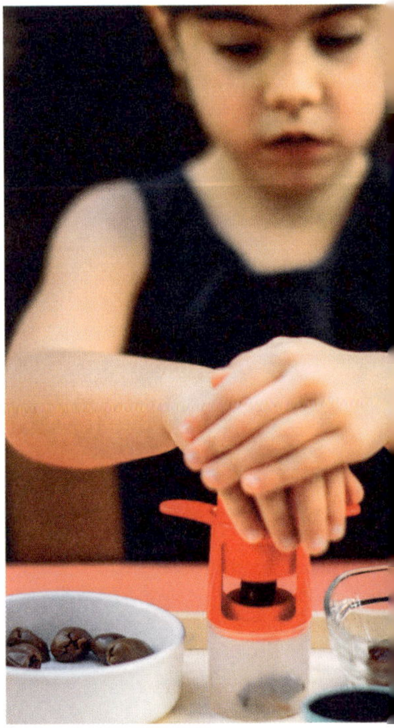

Disponete su un vassoio una ciotola piena di olive, due piccoli contenitori vuoti (uno per i noccioli, l'altro per le olive snocciolate) e uno snocciolatore.

Mostrate al bambino le varie parti dell'utensile e il suo funzionamento. Ne esistono diversi modelli: scegliete quello più adatto alla misura e alla forza delle piccole mani!

Svolgete con molta calma le diverse fasi dell'attività: prendere un'oliva, posizionarla correttamente nello snocciolatore, azionare l'attrezzo, riprendere l'oliva e verificare che il nocciolo sia stato tolto, mettere l'oliva e il nocciolo nei rispettivi contenitori. Tutte operazioni realizzate con il vostro supporto mentre sarete impegnati nella preparazione del tajine e che permetteranno al bambino di sviluppare:

- la memoria di lavoro, attraverso la ripetizione di una serie di azioni pianificate;
- la flessibilità cognitiva, se l'estrazione del nocciolo comporta difficoltà;
- il controllo inibitorio, che gli consentirà di mantenere la concentrazione fino al completamento dell'attività, mentre vi dedicherete alla preparazione del piatto.

In primavera potrete realizzare una variante dell'esercizio proponendo al bambino di snocciolare le ciliegie.

Tajine di pollo con olive e limone in salamoia

PREPARAZIONE: 30 MIN
COTTURA: 1 H 50
PER 2 PASTI DI 4 PERSONE

4 cosce di pollo
3 petti di pollo tagliati a striscioline sottili
2 cipolle bionde
3 spicchi d'aglio
6 carote
6 rape
1 scatola di pomodori pelati
1 pezzetto di zenzero fresco o 1 cucchiaio di zenzero in polvere
Il succo di 1 limone
4 manciate di olive nere o verdi
1 limone in salamoia
1 mazzetto di coriandolo tagliuzzato
Contorno: semolino speziato o 8 patate cotte al vapore

PER LA MARINATA

1 bicchiere di olio d'oliva
1 cucchiaio di curcuma
1 cucchiaio di paprica dolce
1 cucchiaio di coriandolo in polvere
1 punta di peperoncino dolce
Sale, pepe

Preparare la marinata il giorno prima miscelando l'olio d'oliva e le spezie. Disporre i pezzi di pollo in un piatto e ricoprirli con la marinata. Tenere in frigorifero per tutta la notte.

Il giorno stesso cuocere i pezzi di pollo con l'olio della marinata in una pentola tajine (o in una pentola in coccio) finché non risulteranno ben dorati.

Sbucciare le cipolle, l'aglio e le verdure. Aggiungere nella pentola le cipolle affettate, l'aglio schiacciato e lo zenzero. Soffriggere, poi incorporare i pomodori, le verdure tagliate a pezzetti e il succo di limone. Bagnare con un bicchiere d'acqua e infornare a 180 °C per 1 h.

Aggiungere le olive e il limone in salamoia tagliato in quattro. Proseguire la cottura per altri 30 min.

Al momento di servire, aggiustare di sale e pepe e aggiungere il coriandolo. Servire ben caldo.

Le piccole mani possono

Dosare le spezie, sbucciare le verdure, spremere il limone, tagliuzzare il coriandolo.

Accorgimento Gli ingredienti di questa ricetta sono stati appositamente dosati per la preparazione di 2 pasti per 4 persone (o uno per una tavolata numerosa!), perché, come tutti sanno, un piatto riscaldato non solo è una soluzione molto pratica da mettere in tavola, ma spesso diventa ancora più gustoso!

APRIRE E CHIUDERE I CONTENITORI

Dai 2 anni e 1/2

Imparare ad aprire i numerosi contenitori presenti in casa è un'impresa appassionante per il bambino. I meccanismi di apertura e chiusura sono così numerosi che si trasformeranno in altrettanti rompicapi da risolvere, stringendo, ruotando e, soprattutto, ricorrendo al ragionamento logico! Riuscire ad aprire da solo il beccuccio dello zucchero, il tappo del latte, il coperchio dell'olio di cocco o della vaniglia in polvere, il gancio del barattolo di farina ecc. sarà un'abilità molto utile per collaborare alle attività in cucina.

Prima di proporre al bambino di partecipare alla realizzazione della ricetta dei cookies, suggeritegli di esercitarsi con un vassoio "montessoriano" appositamente predisposto.

Riunite in un cesto 5 o 6 contenitori diversi (provenienti dal bagno o dalla cucina: vasetto di crema, boccetta di spezie, barattolo di vetro per conserve, bottiglia vuota ecc.). L'intento è quello di presentare differenti tipi di chiusura (tappi a vite, a pressione, con gancio, coperchi ecc.) e barattoli o flaconi di piccole dimensioni adatti alle mani dei bambini.

Prendete il cesto e un vassoio e collocateli di fronte al bambino. Estraete dal cesto i vari elementi, uno dopo l'altro, e disponeteli sul vassoio nominandoli: "bottiglia", "barattolo", "vasetto" ecc. Chiedete al bambino di ripetere i nomi.

E ora ditegli: "Ti farò vedere come aprire e chiudere diversi contenitori". Sceglietene uno, apritelo, poi richiudetelo. Constatate: "Il barattolo/la bottiglia è ben chiuso/a, non si apre più". Poi invitate il bambino a esercitarsi a sua volta. Procedete allo stesso modo per ciascun elemento presente sul vassoio.

Per variare l'esercizio, potete proporre al bambino di togliere tutti i tappi e i coperchi, poi di individuare i relativi contenitori. È una variante molto efficace per attirare la sua attenzione sulle diverse misure di tappi e coperchi da avvitare.

Cookies con gocce di cioccolato

PREPARAZIONE: 15 MIN
COTTURA: 10 MIN
PER 12 BISCOTTI

1/3 di tazza di olio di cocco
1/2 tazza di zucchero di canna
1/4 di tazza di zucchero semolato
1/4 di tazza di latte
1 cucchiaio di amido di tapioca
1 cucchiaio di vaniglia in polvere
1 1/2 tazza di farina
1 pizzico di bicarbonato di sodio
1 pizzico di sale
1/2 tazza di gocce di cioccolato

Mescolare l'olio di cocco, lo zucchero di canna e lo zucchero semolato. Quando saranno ben amalgamati, aggiungere il latte, l'amido di tapioca e la vaniglia in polvere. Mescolare di nuovo. Incorporare la farina, il bicarbonato e il sale. Terminare con le gocce di cioccolato, impastando a mano il composto per distribuirle bene.

Preriscaldare il forno a 180 °C.

Utilizzare un porzionatore da gelato per prelevare palline di pasta e distribuirle sulla placca del forno rivestita con carta da forno.

Infornare per un massimo di 8-10 min. Lasciare raffreddare prima di degustare.

Le piccole mani possono

Dosare, travasare e mescolare gli ingredienti, prelevare le palline di pasta per disporle sulla placca del forno.

Suggerimento Natale è il periodo ideale per insegnare ai bambini a offrire doni "fatti in casa" alle persone care. Stendete insieme un elenco delle persone alle quali sono particolarmente affezionati. Prevedete per ognuna 3 biscotti, adattate di conseguenza le dosi degli ingredienti e mettete ai fornelli il vostro piccolo pasticciere. Quando vedrete la sua espressione raggiante al momento di offrire "i migliori biscotti del mondo che ho fatto DA SOLO", di sicuro questa ricetta entrerà a pieno titolo nelle vostre tradizioni familiari.

LAVARE LE VERDURE

Dai 2 anni e 1/2

Proponete regolarmente al bambino attività in cui possano "lavare" (verdura, frutta, piatti, strofinacci o anche i giocattoli), perché mobilitano fortemente le loro funzioni esecutive! Devono infatti memorizzare una serie di operazioni successive da svolgere in un intervallo di tempo piuttosto ampio, esercitare il controllo inibitorio per non spargere acqua ovunque, dare prova di flessibilità cognitiva per affrontare gli imprevisti, che di sicuro non mancheranno!

Facili da maneggiare grazie alle loro dimensioni e a una certa "rigidità" e in grado di offrire un gradevole contrasto cromatico quando sono puliti, i ravanelli sono i candidati PERFETTI per imparare a lavare gli ortaggi, prima di sperimentarne altri come le carote, le patate ecc.

Per facilitare il compito del bambino e non sprecare litri d'acqua, immergere i ravanelli in una ciotola o una bacinella.

Prendere un ravanello con la mano non dominante. Fuori dall'acqua, iniziare a strofinare, dall'alto verso il basso, l'intera superficie dell'ortaggio con una spazzolina (scegliere un attrezzo adatto alle mani del bambino).

Far ruotare il ravanello continuando a strofinare. Immergerlo nell'acqua per sciacquarlo e verificare con attenzione che non rimangano residui di terra. Posarlo su uno strofinaccio e prenderne un altro fino a esaurimento... del mazzo.

Com'è il piccolo aiutocuoco al termine dell'esercizio? Vi sembra sereno, felice? Spesso è proprio così quando i bambini possono esercitare le loro funzioni esecutive ancora in fase di formazione... E poi, proprio come noi adulti, anche i più piccoli amano sentirsi utili!

Zuppa di foglie di ravanello e ravanelli al burro

PREPARAZIONE: 25 MIN
COTTURA: 25 MIN
PER 4 PERSONE

1 mazzo di ravanelli
2 patate
1/4 di cipolla
1 cucchiaio di olio d'oliva
2 cucchiai di mascarpone (o di panna acida)
50 cl di brodo
Burro per servire i ravanelli

Togliere le foglie dai ravanelli.

Preparare la zuppa: sbucciare e affettare la cipolla. Pelare le patate, tagliarle a pezzetti e passarle sotto l'acqua per eliminare l'amido. Lavare accuratamente le foglie di ravanello.

Scaldare l'olio d'oliva in una pentola in coccio. Farvi appassire la cipolla senza dorarla. Aggiungere le patate e le foglie di ravanello. Soffriggere il tutto per 5 min. Unire il brodo, poi cuocere per 20 min a tegame coperto.

Nel frattempo lavare i ravanelli. Disporli su un tagliere e tagliarli in quattro parti, poi tuffarli immediatamente in acqua gelata: si apriranno come fiorellini. Asciugarli, poi inserire una piccola quantità di burro nell'apertura.

Completare la zuppa incorporando all'ultimo momento il mascarpone, condire, poi frullare e servire in coppette. Accompagnare con i ravanelli al burro.

Le piccole mani possono

Lavare i ravanelli, pelare e tagliare le patate, inserire il burro nei ravanelli.

Apprendimento Questa duplice ricetta permetterà di esercitarsi nell'arte di lavare le verdure e, allo stesso tempo, di utilizzare (per un piatto appetitoso) quelle parti dell'ortaggio che di solito sono considerate scarti.

SPREMERE GLI AGRUMI

Dai 2 anni e 1/2

Spremere e versare sono attività che riscuotono un enorme successo tra i bambini, aiutandoli a sviluppare la capacità di concentrazione. Per le loro piccole mani date la preferenza ad agrumi come limoni, mandarini, clementine, le cui dimensioni si adattano perfettamente alla capacità di prensione dei bambini! Se invece preferite le arance, scegliete le più piccole...

Provvedete a tagliare il frutto a metà se il bambino non è ancora in grado di farlo da solo (vedi "Affettare gli alimenti duri", p. 58).

Descrivete le varie parti dello spremiagrumi: il cono su cui collocare in modo preciso il centro dell'agrume, le scanalature che permettono di estrarre il succo, la griglia che trattiene la polpa e i semi, il recipiente in cui si raccoglie il succo e il beccuccio per travasarlo.

Fate vedere al bambino come tenere lo spremiagrumi con la mano non dominante. Con l'altra mano, posizionare correttamente una metà del frutto sul cono.

Farla ruotare premendo verso il basso, finché tutto il succo non sarà stato spremuto (verificarlo girando il frutto e osservare se rimane ancora della polpa).

Posare l'agrume sul piano di lavoro e versare lentamente il succo in un bicchiere.

Ghiaccioli al limone e lampone

PREPARAZIONE: 15 MIN
CONGELAMENTO: 4 H
PER 6 GHIACCIOLI

PER IL SUCCO DI LAMPONE
1/2 tazza di lamponi
3 cucchiaini di sciroppo d'agave (o miele)
10 cl di acqua

PER IL SUCCO DI LIMONE
2 limoni non trattati
3 cucchiaini di sciroppo d'agave (o miele)
10 cl di acqua
1 cucchiaino di scorze di limone

Mettere i lamponi nel bicchiere del frullatore. Aggiungere l'acqua e lo sciroppo d'agave, poi frullare. (Se il mixer non è abbastanza potente da frantumare i semini dei lamponi, filtrare il preparato con un colino.)

Versare il preparato negli stampi per ghiaccioli fino a metà altezza e mettere in freezer.

Prelevare le scorze dei limoni e metterle nel frullatore. Tagliare a metà i limoni e spremerli fino a ottenere 5 cl di succo. Aggiungere il succo al frullatore con l'acqua e lo sciroppo d'agave. Frullare e mettere nel freezer. (Se necessario, filtrare il preparato per eliminare i residui di scorza di limone.)

Dopo 2 h il succo di lampone dovrebbe essere abbastanza solido da non mischiarsi con il succo di limone. Togliere gli stampi dal freezer e riempirli del tutto con il succo di limone. Inserire il bastoncino e rimettere nel congelatore. Altre 2 h di attesa e i ghiaccioli saranno pronti per essere degustati!

Le piccole mani possono

Dosare e versare con precisione gli ingredienti, prelevare la scorza dei limoni.

Suggerimento Indicare con un segno sugli stampi per ghiaccioli la misura da riempire con i due tipi di succo così da permettere al bambino di versare da solo i preparati.

PREPARARE I FUNGHI CHAMPIGNON

Dai 3 anni

Concentrazione e delicatezza sono due doti indispensabili per dedicarsi alla preparazione degli champignon! E per prolungare l'attività, potete proporre al bambino di provvedere anche al ripieno.

Prima di fargli preparare i funghi, mostrate al bambino come tagliare di qualche millimetro la parte inferiore del gambo con un coltellino (se non è ancora in grado di maneggiare un coltello, fatelo voi al suo posto), poi mettete il pezzo tagliato in una piccola ciotola. Il bambino provvederà a gettare gli scarti una volta ultimata la preparazione dei funghi.

Per staccare il gambo, tenere il cappello con la mano non dominante e afferrare con le dita dell'altra mano la base del gambo. Ruotare in senso opposto la mano che tiene il cappello e quella che regge il gambo per fare in modo che questo si stacchi. Mettere i gambi in una ciotola (conservarli per poi tritarli in un secondo momento).

Infine, togliere con le dita la pellicola che ricopre il cappello (subito dopo le lamelle), sollevando delle strisce il più lunghe possibile finché lo champignon non sarà "tutto bianco".

Mettere gli scarti nella ciotola contenente le basi dei gambi sporchi di terriccio prima di gettare il tutto nella spazzatura o nel compost. Se dovessero rimanere residui di terra sulla sommità del cappello (le strisce di pellicola a volte si arrestano prima), pulirli delicatamente con un panno pulito.

Champignon a sorpresa

PREPARAZIONE: 15 MIN
COTTURA: 20 MIN
PER 4 PERSONE

20 funghi champignon o prataioli
1 scalogno
1 cucchiaio di olio d'oliva + la quantità necessaria per ungere la teglia
15 g di burro
15 g di farina
15 cl di panna acida liquida
80 g di formaggio grattugiato (gruviera o parmigiano)
1 trancio di prosciutto cotto da 150 g
Prezzemolo
Pangrattato
Sale, pepe

Le piccole mani possono

Grattugiare il formaggio, tagliare grossolanamente il trancio di prosciutto, farcire i funghi.

Preriscaldare il forno a 180 °C.

Preparare i funghi (vedi pagina a fianco). Tritare lo scalogno e i gambi dei funghi prima di soffriggerli nell'olio d'oliva, poi mettere da parte in una ciotola. Tagliare il trancio di prosciutto e tritare il prezzemolo, poi aggiungerli alla ciotola con il formaggio grattugiato.

Sciogliere il burro in una casseruola, unire la farina e mescolare. Poco dopo incorporare la panna acida. Togliere dal fuoco e versare il composto nella ciotola. Salare e pepare. Mescolare bene.

Con un cucchiaino farcire i cappelli dei funghi (dal lato delle lamelle) con il ripieno, poi disporli uno di fianco all'altro in una teglia precedentemente unta con l'olio. Cospargere di pangrattato e infornare per 15-20 min.

Benefici per la salute I funghi champignon sono un'ottima fonte di selenio (che rafforza il sistema immunitario) e sono molto ricchi di vitamina D, di cui si rischiano carenze durante l'inverno per la mancanza di luce! Date la preferenza ai funghi freschi: quelli in scatola contengono spesso una quantità troppo elevata di sale.

SGRANARE I PISELLI

Dai 3 anni e 1/2

Questa attività richiede abilità manuale, organizzazione e costanza. Approfittatene per osservare vostro figlio mentre, in uno stato di profonda concentrazione, cercherà le strategie più efficaci per estrarre i legumi dai baccelli: ne rimarrete davvero sorpresi!

Sopra una ciotola, prendere un baccello e posizionarlo "di profilo" nel palmo della mano non dominante.

Con il pollice della mano dominante esercitare una pressione alla base della "sutura" fino ad aprirla leggermente, poi risalire delicatamente con il pollice per aprirla del tutto.

Arrivati all'estremità opposta del baccello, inserire il pollice al di sotto dell'attaccatura dei piselli e ridiscendere lungo il baccello per staccarli a uno a uno. A questo punto cadranno nella ciotola! Attenzione: i baccelli si aprono su un solo lato, quello a cui i piselli NON sono attaccati!

Se il bambino è abbastanza grande, potete mostrargli in controluce i punti in cui sono attaccati i piselli, spiegandogli che dovrà premere sul lato opposto (quello arrotondato) per aprire facilmente il baccello. Invitatelo a posarlo nel palmo della mano con la "coda" rivolta verso l'alto!

Se il bambino è ancora piccolo, limitatevi a spiegargli che si può aprire il baccello da un lato solo. Invitatelo a provare premendolo delicatamente con le dita: uno dei due lati finirà inevitabilmente per aprirsi!

Vellutata di piselli, zucchine e chips di bacon

PREPARAZIONE: 10 MIN
COTTURA: 20 MIN
RIPOSO: 1 H
PER 4 PERSONE

1 cipolla
1 zucchina grande o 2 piccole
500 g di piselli non sgranati (circa 200 g di piselli sgranati)
1 noce di burro
50 cl di brodo vegetale
6 fette di bacon (1 per bambino e 2 per adulto)
2 cucchiai di mascarpone

Sbucciare e tritare la cipolla. Lavare la zucchina e tagliarla a fette piuttosto spesse (circa 2 cm). Sgranare i piselli (vedi pagina a fianco).

In una grande casseruola sciogliere il burro e far appassire la cipolla. Aggiungere i pezzetti di zucchina, coprire con il brodo e cuocere a fuoco medio per 15 min. Unire i piselli e proseguire la cottura per altri 5 min. Incorporare il mascarpone e frullare per ottenere una crema di consistenza liscia e omogenea. Lasciare raffreddare la vellutata prima di travasarla in una bottiglia di vetro. Mettere in frigorifero.

15 min prima di servire, foderare la placca del forno con carta da forno e preriscaldare il grill a 180 °C. Disporre sulla placca le fette di bacon. Infornare per 5 min: le fette di bacon dovranno risultare dorate e croccanti come chips. Servire nelle coppette la vellutata ben fredda con sopra le chips di bacon!

Le piccole mani possono

Lavare e tagliare la zucchina, metterne i pezzetti nella casseruola, allineare le fette di bacon sulla placca del forno.

Benefici per la salute Ancora un piatto che apporta ai bambini il giusto grado di idratazione durante l'estate, senza doverli continuamente invogliare a bere! Inoltre ha il vantaggio di fornire una buona dose di vitamine e fibre... e di far scoprire ai più piccoli il piacere di aprire i baccelli così come il sapore dei VERI piselli! Niente a che vedere con quelli della mensa scolastica, vero?

SVOLGERE UNA SEQUENZA LOGICA

Dai 3 anni

Tra i 2 e i 6 anni, i bambini attraversano il periodo sensibile dell'ordine, durante il quale desiderano che ogni cosa sia al suo posto o che venga realizzata secondo un ordine preciso. Non appena vostro figlio sarà in grado di organizzare l'attività in base a una sequenza logica, proponetegli di "impanare all'inglese": non solo si divertirà a preparare da solo le crocchette di pollo, ma queste saranno anche molto più sane!

Le operazioni descritte nella ricetta a fianco per impanare i petti di pollo possono essere tranquillamente eseguite da un bambino di 3 o 4 anni. Potete anche proporre alcune varianti con filetti di pesce, fesa di tacchino, formaggio (mozzarella o gruviera) o ricette più elaborate, come le crab cakes (polpettine di polpa di granchio).

Fate attenzione a disporre l'occorrente da sinistra a destra, per familiarizzare il bambino con la direzione di scrittura in uso nel nostro sistema alfabetico occidentale.

Per aiutarlo ad assimilare gli elementi fondamentali di questo tipo di apprendimento (senza impugnare la matita!), proponetegli con regolarità di allineare alcuni alimenti o di realizzare le decorazioni dei dolci, sempre da sinistra a destra, se necessario "andando a capo": in questo modo potrà esercitarsi sulla direzione, sul tracciato e sulla spaziatura dei segni grafici.

Crocchette di pollo e salsa mayo

PREPARAZIONE: 20 MIN
COTTURA: 20 MIN
PER 4 PERSONE

PER LE CROCCHETTE
3 petti di pollo tagliati a bocconcini
6 cucchiai di farina
1 uovo
2 cucchiai di olio
100 g di cornflakes senza zucchero

PER LA SALSA
1 tuorlo d'uovo
1 cucchiaio di miele
1/2 cucchiaino di curry
1 cucchiaino di senape all'antica
25 cl di olio a scelta

Iniziare a preparare la salsa in cui si potranno intingere le crocchette di pollo (l'occasione ideale per accantonare momentaneamente le istruzioni sull'uso corretto delle posate!). Versare il tuorlo d'uovo in una ciotola, poi aggiungere il miele, il curry e la senape. Incorporare lentamente l'olio emulsionandolo con una frusta da cucina. Quando il composto sarà piuttosto denso, metterlo in frigorifero.

Versare 100 g (5 manciate di bambino) di cornflakes in un sacchetto da freezer. Chiuderlo bene e appiattire il più possibile il contenuto prima di sbriciolarlo grossolanamente con un matterello da pasticceria!

Per impanare i bocconcini di pollo, disporre da sinistra a destra:

- un piatto con la farina;
- un piatto con l'uovo sbattuto e 2 cucchiai di olio;
- un piatto con i cornflakes sbriciolati e la placca da forno foderata con l'apposita carta.

Prendere un bocconcino di pollo e passarlo nella farina. Quando sarà completamente bianco, immergerlo delicatamente nell'uovo rigirandolo da tutti i lati, lasciarlo sgocciolare sopra il piatto, poi passarlo nei cornflakes prima di disporlo sulla placca. Ripetere l'operazione allineando bene tutti i bocconcini sulla placca del forno!

Preriscaldare il forno a 220 °C e infornare per 20 min. Degustare le crocchette calde, intingendole con le mani nella salsa mayo!

Le piccole mani possono

Dosare gli ingredienti, metterli nei piatti, impanare i bocconcini di pollo e disporli sulla placca di cottura.

Accorgimento Molte operazioni descritte in questa ricetta possono essere eseguite in modo autonomo dai bambini o suddivise fra i piccoli chef.

PREPARARE E SERVIRE LA TISANA DELLA SERA

Dai 3 anni e 1/2

I rituali serali sono molto importanti per favorire il sonno dei bambini. Programmare una serie di azioni da replicare ogni sera in modo sempre identico (gioco rilassato, bagnetto, cena, pigiama, lettura di una storia, bacio della buonanotte) in un'atmosfera zen li prepara a scivolare lentamente nel mondo dei sogni. Perché non aggiungere anche una tisana al vostro rituale della sera?

Per la tisana della sera, scegliere piante come il tiglio, la verbena, la passiflora o la camomilla, le cui proprietà rilassanti sono conosciute fin dall'antichità e che favoriscono un sonno tranquillo.

Per una persona, versare in un pentolino 1 cucchiaio di fiori o foglie essiccati o di una miscela preparata in casa (a seconda del vostro raccolto, vedi p. 173) e aggiungere una tazza di acqua fredda. Moltiplicare le quantità per il numero di persone a cui è destinata la tisana. Far bollire per 3 min, poi coprire e lasciare in infusione per 10 min. Filtrare e versare la tisana in un thermos o in una teiera termica.

Servire in piccole tazze. Se i bambini preferiscono dolcificare la tisana, aggiungere 1 cucchiaio di miele.

Utilizzare un colino da tè a pinza, travasare nel pentolino e poi nelle tazze, mescolare ecc. sono tutte cose che i bambini adorano fare! Fate solo attenzione a occuparvi personalmente di quelle operazioni (come il travaso di acqua calda) che potrebbero comportare rischi per il bambino, per scongiurare il pericolo di incidenti domestici.

Suggerimento Quando cambia l'ora o in caso di difficoltà ad addormentarsi, variate la ricetta mescolando 1/2 tazza di acqua, 1/2 tazza di bevanda vegetale, 1 cucchiaio di camomilla e 1 cucchiaio di miele. Fate riscaldare, poi lasciate in infusione per 2 min. Degustare la tisana con calma.

Accorgimento Se la tisana della sera diventa un'abitudine, procuratevi alcune bustine da tè in lino naturale riutilizzabili. È una scelta davvero ecologica!

ROMPERE UN UOVO

Dai 4 anni

Questa sì che è una grande sfida: rompere un uovo da solo! Dosare la forza per incrinare il guscio, agire con rapidità, rovesciare delicatamente il contenuto in una ciotola... Non è un'impresa da poco per un bambino, e non manca neppure una certa dose di rischio!

Spiegate anzitutto al bambino che un guscio d'uovo non è perfettamente identico in tutti i punti: per proteggere il suo contenuto, il guscio è infatti molto solido in alto e in basso (ci si potrebbe persino camminare sopra!), ma molto più sottile al centro. È proprio in questo punto che occorre picchiettare per romperlo facilmente.

Picchiettare l'uovo una, due o tre volte con un colpo secco ma non troppo energico sul bordo di una ciotola o su una superficie piana.

Una volta incrinato il guscio, collocare i pollici sui due lati dell'uovo e aprirlo delicatamente per farne cadere il contenuto in una ciotola.

Se il bambino dimostra di apprezzare l'attività, includete nel menu una bella frittata, per esempio. Avrà così l'occasione per esercitarsi... senza preoccuparsi troppo per gli inevitabili piccoli "incidenti".

Torta salata con zucca, spinaci e formaggio

PREPARAZIONE: 25 MIN
COTTURA: 5 MIN + 35 MIN
PER 4-6 PERSONE

1 rotolo di pasta brisée (o la stessa della torta salata "French mums & kids", p. 61)
1 piccola zucca butternut tagliata a cubetti
1 spicchio d'aglio
1 cipolla
100 g di spinaci (freschi o surgelati), bietole o cavolo riccio
2 cucchiai di aceto di sidro di mele
2 uova
1 tazza di latte (o di bevanda vegetale)
150 g di gruviera grattugiato
Olio d'oliva
Sale, pepe

Le piccole mani possono

Preparare la pasta e foderare lo stampo, dosare il latte, amalgamare gli ingredienti, grattugiare il formaggio, tagliare a cubetti la zucca, farcire la torta salata.

Preriscaldare il forno a 180 °C e rivestire la placca con un foglio di carta da forno.

Disporre i cubetti di zucca, irrorare con olio d'oliva, salare e pepare. Mescolare e infornare per 20 min.

Sbucciare l'aglio e la cipolla, tritarli e farli appassire in un tegame con un po' di olio d'oliva finché non diventeranno traslucidi. Aggiungere gli spinaci, farli cuocere per 5 min, poi incorporare l'aceto. Salare e pepare, mescolare e mettere da parte.

Foderare lo stampo con la pasta brisée (vedi p. 60), bucherellarla con una forchetta e cuocerla in bianco per circa 10 min: per fare ciò, prima di infornare coprire la pasta con carta da forno e versarvi sopra fagioli secchi o simili che con il loro peso impediranno alla pasta di lievitare.

In una grande ciotola rompere 2 uova, poi aggiungere il latte e sbattere con una frusta da cucina. Unire gli spinaci, la metà dei cubetti di zucca e il formaggio grattugiato. Mescolare, poi versare il composto sulla pasta precotta. Disporre gli ultimi cubetti di zucca e infornare per altri 35-40 min.

Attività di scoperta Approfittate di questa ricetta per parlare con i vostri figli della grande famiglia delle Cucurbitacee, che conta oltre diecimila varietà tra cui molte specie di zucca, ma anche la zucchina, il cetriolo, il cocomero e il melone.

Benefici per la salute Le zucche invernali proteggono dai malanni tipici della stagione fredda grazie al loro elevato contenuto di vitamina A! Un rimedio davvero molto efficace...

COLORARE I MANDALA

Dai 4 anni

In autunno, quando le serate si allungano, sognate un'atmosfera di pace e tranquillità in casa? Proponete ai vostri figli di colorare i mandala!

Dato che richiede un'intensa applicazione e molta delicatezza, questa attività aiuta a sviluppare la motricità fine e la capacità di concentrazione dei bambini.

Inoltre, le forme simmetriche disposte attorno al centro del disegno, la necessaria armonia dei colori, il gesto semplice e ripetitivo della matita permettono ai più piccoli di ritrovare l'equilibrio e di rilassarsi profondamente dopo una giornata trascorsa a scuola.

Come variante, potete sperimentare i mandala 3D utilizzando elementi naturali (sassi, castagne, foglie secche) o preparando questa torta alle tre varietà di prugna!

Torta mandala alle prugne

PREPARAZIONE: 20 MIN
COTTURA: 35 MIN
PER 6-8 PERSONE

1 rotolo di pasta frolla
Crema spalmabile agli speculoos (biscotti alla cannella) o speculoos sbriciolati (in alternativa, farina di mandorle)
300 g di prugne Regina Claudia
250 g di prugne Diamantina Blu
150 g di prugne Goccia d'Oro
3 cucchiai di zucchero di canna
1 o 2 cucchiai di maizena

Foderare lo stampo (vedi p. 60) con la pasta frolla. Bucherellare la pasta con una forchetta prima di distribuire la crema di speculoos (o i biscotti sbriciolati o la farina di mandorle).

Lavare e asciugare le prugne. Tagliarle a metà e togliere i noccioli. Tagliare di nuovo in due le metà delle prugne Diamantina Blu. Distribuire i tre tipi di prugne in tre ciotole diverse. Cospargerle di zucchero di canna e maizena. Mescolare amalgamando bene, poi lasciare macerare per circa 20 min.

Disporre al centro della torta una metà di Regina Claudia e tutt'intorno le Goccia d'Oro (lato piatto a contatto con la pasta), poi, per esempio, i quarti di Diamantina Blu. Ma sono possibili anche altre combinazioni per questo mandala 3D: basta dare ascolto alla propria ispirazione. Dopo aver disposto in modo armonioso tutti i pezzetti di prugna, cospargerli di zucchero di canna e infornare a 180 °C per 35 min.

Togliere la torta dal forno e lasciare raffreddare per 15 min prima di sformarla. Servire freddo o tiepido.

Le piccole mani possono

Foderare lo stampo, spalmare la crema di speculoos o cospargere la pasta di biscotti sbriciolati, lavare, tagliare e disporre armoniosamente le prugne.

Benefici per la salute Dolce e succosa, la prugna è uno dei tesori dell'autunno. Da consumare cruda o cotta, come dessert o spuntino, è molto ricca di vitamine (soprattutto del gruppo B) e oligoelementi (potassio, ferro, magnesio). Composta per l'80% di acqua, grazie al suo elevato contenuto di fibre e pectina sarà un valido aiuto per gli intestini pigri!

PREPARARE UN AVOCADO

L'avocado è un frutto ricco di grassi "buoni". Accompagnato da una deliziosa vinaigrette, sarà un antipasto semplice e gustoso, che i bambini si divertiranno a preparare da soli.

Dai 5 anni

Per preparare un avocado, tenerlo con la mano non dominante. Partendo dal peduncolo, inserire la lama del coltello fino al nocciolo e far ruotare il frutto su se stesso cercando di seguire una linea mediana. Girare in senso opposto le due metà per aprirlo facilmente.

Per snocciolarlo, tenere saldamente la metà del frutto nella mano non dominante e dare un colpo netto con il coltello sul nocciolo muovendolo poi in senso rotatorio (questa operazione è riservata ai più grandi, già capaci di maneggiare un coltello).

Per tagliare l'avocado a cubetti, proponete una delle seguenti soluzioni a seconda dell'età del bambino.

- Incidere delicatamente la polpa tracciando linee verticali e orizzontali (avendo cura di non tagliare la buccia!). Estrarre poi i cubetti servendosi di un cucchiaio.
- A partire dai 2 anni e mezzo, il bambino può estrarre la polpa con un cucchiaio e tagliarla a cubetti.

Spaghetti di verdure in versione primavera-estate

PREPARAZIONE: 15 MIN
COTTURA: 5-7 MIN
PER 4 PERSONE

3-4 zucchine
2 cucchiai di olio d'oliva
Sale, pepe

PER LA SALSA
1 avocado
Il succo di 1/2 limone giallo o verde
2 cucchiai di fiocchi di latte

A SCELTA
Feta a cubetti
Pinoli
Erbe aromatiche fresche (basilico, erba cipollina)

Tagliare le zucchine a strisce sottili servendosi di uno spiralizzatore per verdure (vedi "Girare una manovella", p. 56). Tagliare poi di nuovo le strisce con le forbici. Mettere da parte in una pentola.

Versare nel mixer la polpa di avocado, il succo di limone e i fiocchi di latte. Frullare finemente. Trasferire in una ciotola.

Cuocere gli spaghetti di zucchine a fuoco vivo per 5-7 min in poco olio d'oliva per ammorbidirli. Salare e pepare. Servire subito.

Lasciare che i bambini accompagnino a piacere il piatto con salsa di avocado, feta, pinoli e/o erbe aromatiche.

Le piccole mani possono

Tagliare le zucchine con lo spiralizzatore, spremere il limone, versare gli ingredienti nel frullatore, tagliare a cubetti la feta, tagliuzzare le erbe aromatiche.

Benefici per la salute È un piatto digeribile e ricco di vitamine, che offre una sana alternativa alla pasta.

Variante Scoprite la ricetta degli spaghetti di verdure in versione autunno-inverno a p. 57.

"Sentirsi utili, svolgere un vero lavoro e, di riflesso, imparare qualcosa di concreto: tutto questo rappresenta una forte motivazione."

L'INTERVISTA ALL'ESPERTO

Jérôme Prado

Ricercatore in neuroscienze cognitive presso il CNRS, affiliato all'Institut des Sciences Cognitives Marc Jeannerod

e Philippine Courtier

dottoranda in psicologia dell'età evolutiva all'Università Claude Bernard Lyon-1

In un momento in cui le scuole che applicano il metodo Montessori conoscono un'ampia diffusione in ambito sia privato sia pubblico, l'Institut des Sciences Cognitives Marc Jeannerod del CNRS e l'Università Claude Bernard Lyon-1 sono impegnati in un'attività di ricerca volta a determinare l'impatto di questo metodo educativo sulle competenze cognitive, scolastiche e sociali dei bambini. I primi risultati saranno resi noti nel corso dell'anno prossimo. Nel frattempo, le neuroscienze ci forniscono utili informazioni sulle modalità di apprendimento dei nostri figli. È un percorso tanto sorprendente quanto affascinante nel quale, come potrete vedere, i genitori svolgono un ruolo di primaria importanza!

Le neuroscienze sono oggetto di un interesse sempre crescente, spesso sotto il profilo della psicologia positiva (come combattere lo stress, aumentare il livello di benessere personale ecc.). La stessa cosa si verifica nel caso dei genitori: oggi sappiamo perché non bisogna lasciare piangere i neonati e siamo consapevoli dell'immaturità del sistema di controllo delle emozioni nei bambini. Ma sulle questioni riguardanti l'apprendimento sappiamo ancora molto poco. E spesso constatiamo con stupore i progressi dei nostri figli, come se fossero eventi del tutto imprevisti. Ci meravigliamo delle loro capacità di apprendimento senza capirne davvero il funzionamento. Potrebbe fornirci qualche spiegazione in merito?

Alla nascita, ciascun individuo è dotato di oltre 100 miliardi di neuroni, cellule destinate alla trasmissione di informazioni a livello cerebrale. Questo sistema neuronale è in continua crescita, tanto che, durante i primi mesi di vita, si formano alcune migliaia di neuroni al minuto. Ma la cosa più straordinaria non è il rapido incremento del numero di neuroni, dato che questi sono in grande maggioranza già presenti al momento della nascita. Ciò che caratterizza in particolare la crescita cerebrale nel bambino è il considerevole aumento del numero e della complessità delle connessioni tra i neuroni durante i primi anni di vita. E tale crescita è fortemente influenzata dall'ambiente in cui vive il bambino, che agisce su questo processo secondo il seguente principio: ciò che viene utilizzato si conserva, mentre ciò che non lo è viene abbandonato ("Use it or lose it", per usare un'espressione inglese). Questo permette di rafforzare le connessioni utili e di eliminare le connessioni che non hanno alcuna utilità (è il cosiddetto sfoltimento sinaptico). In altri termini, ogni interazione, esperienza, azione, informazione ricevuta modificano, man mano che il bambino cresce, le connessioni tra i neuroni.

La struttura cerebrale è quindi in costante evoluzione. Per questo si parla della sua straordinaria "plasticità". L'ambiente in cui cresce il bambino, le interazioni con le persone che lo circondano hanno un'importanza cruciale e indubbiamente contribuiranno a strutturare e plasmare il suo cervello, dai primi anni di vita fino all'adolescenza.

Per rispondere alla sua domanda, il bambino apprende in modo spontaneo, grazie a un'intensa attività cerebrale, a partire dalle esperienze che il suo ambiente gli permette di vivere.

Abbiamo spesso l'impressione che la scuola segni l'inizio dell'apprendimento vero e proprio... Tuttavia, dalle sue affermazioni ci sembra di capire che anche i primi tre anni di vita abbiano una grande importanza per la formazione del bambino.

Dalla nascita fino ai 3 anni, il cervello dei bambini si modifica, si arricchisce, apprende un'enorme quantità di informazioni. Di fatto, all'ingresso a scuola constatiamo capacità più o meno sviluppate a seconda del contesto in cui i bambini sono cresciuti e delle opportunità di apprendimento che sono state loro offerte. Sicuramente l'obiettivo di tutti (politici, scienziati, insegnanti) è far sì che la scuola possa ridurre questi divari permettendo a tutti i bambini di avere le stesse opportunità di apprendimento.

Ma i risultati delle ricerche sembrano confermare la difficoltà di tale obiettivo, ed è importante che i genitori siano consapevoli del fatto che tutto ciò che accade intorno al bambino, anche molto piccolo, in ambito familiare assume un ruolo molto significativo.

Questo concetto ha avuto ormai ampia diffusione, per esempio per quanto concerne lo sviluppo del linguaggio: oggi sempre più genitori sanno che è importante leggere una storia alla sera per stimolare nel bambino il piacere della lettura, per arricchire il suo vocabolario, per favorire una corretta sintassi ecc. Ciò non toglie che esistano ancora notevoli disparità tra le famiglie in cui si legge molto e quelle in cui ci si dedica meno alla lettura.

Presso l'Institut des Sciences Cognitives, il nostro interesse è incentrato anche sulla matematica: è una disciplina fondamentale che risente tuttavia di una pessima fama, dato che i genitori (e pure gli insegnanti) sono portati ad affrontarla con una certa preoccupazione, come se fosse una di sorta fatalità ("Non ho il bernoccolo della matematica..."). I bambini percepiscono immediatamente questo atteggiamento e ciò crea pregiudizi difficili da sfatare. Eppure è molto importante avere dimestichezza con questa disciplina perché è di grande utilità nella vita di tutti i giorni, in ambito sia domestico (per esempio per seguire una ricetta di cucina o fare la spesa) sia professionale. Alcuni studi dimostrano che le capacità matematiche dei bambini possono davvero trarre vantaggio dalle interazioni con i genitori.

Nel corso di uno studio condotto a Chicago, alcuni ricercatori hanno misurato l'impatto delle interazioni tra genitori e figli su argomenti relativi alla matematica. Hanno fornito dei tablet a famiglie di condizione modesta e inviato ogni giorno, tramite questo supporto, un piccolo problema di matematica sotto forma di una storia in cui si utilizzavano dei numeri. Lo scopo non era tanto quello di far risolvere al bambino gli esercizi sul tablet quanto di dotare i genitori di un "supporto" per discutere di semplici problemi matematici con i loro figli. I progressi in matematica registrati nell'arco di un anno sono stati davvero sorprendenti.

È probabile che il suo libro si basi un po' sullo stesso principio in quanto offre un supporto per affrontare la matematica con i bambini. La cucina infatti richiede spesso il ricorso ai numeri, per esempio con le frazioni, le proporzioni ecc. Utilizzarli dal punto di vista pratico e nella vita quotidiana con i bambini rappresenterà indiscutibilmente un'opportunità di apprendimento.

Se le strutture cerebrali dei bambini si rafforzano in funzione delle esperienze vissute, ciò significa che i genitori hanno la possibilità di supportare il ruolo svolto dalla scuola?

Certo. I genitori svolgono un ruolo importante per la crescita e l'educazione dei bambini. Affrontare a casa la lettura, la scrittura, la matematica o altre discipline permette di applicare questi apprendimenti alla vita pratica: una ricetta di cucina è un'entusiasmante applicazione che aiuta a capire le addizioni, le proporzioni, i calcoli matematici... Si comprende l'importanza della matematica quando si capisce "a che cosa serve imparare questo", cosa che a volte manca in un'aula scolastica. È anche un modo per attribuire un nome preciso ad accessori o azioni, quindi per ampliare il vocabolario e favorire la memorizzazione. E queste esperienze possono essere facilmente proposte a casa per favorire l'apprendimento dei bambini.

Anche la motivazione riveste un ruolo molto importante, in quanto favorisce enormemente il processo di apprendimento. Tuttavia, essa tende ad affievolirsi con il passare del tempo: le cose che il bambino desidera imparare e gli insegnamenti offerti dalla scuola raramente vanno di pari passo!

I bambini sono molto curiosi, vogliono imparare e capire quello che avviene intorno a loro, esercitare la manualità. È uno dei paradossi della scuola: essendo IL luogo deputato all'insegnamento, gli allievi dovrebbero sentirsi gratificati nell'ambiente scolastico. Ma non è sempre così! Uno dei fenomeni più sconfortanti che possiamo notare è che l'interesse dei bambini nei confronti della scuola – e quindi la loro curiosità – diminuisce di anno in anno. Perché se diversa è la predisposizione individuale per le materie letterarie, la matematica, le discipline artistiche ecc., e differenti sono pure i ritmi di apprendimento, la scuola dispensa spesso un insegnamento che si rivolge a un gruppo di allievi, di cui una parte sarà probabilmente felice di imparare, mentre l'altra potrà sentirsi frustrata per il fatto di non affrontare gli argomenti verso i quali nutre un maggiore interesse.

A tale proposito il metodo Montessori si fonda su un interessante presupposto: l'apprendimento personalizzato. Da un lato il bambino è guidato dalla motivazione che lo spinge verso una determinata attività; dall'altro l'insegnante lo orienta verso attività adatte al suo livello di sviluppo. Questi due principi gli permettono di conservare il desiderio di imparare e di scoprire nuove cose.

A proposito di questo argomento, esiste un aneddoto molto interessante. In occasione di un dibattito sul metodo Montessori, un ispettore scolastico avrebbe commentato in tono esasperato: "Qui i bambini fanno tutto quello che vogliono". E la replica di un alunno: "Non facciamo tutto quello che vogliamo, però vogliamo tutto quello che facciamo". C'è una sottile differenza!

Molto probabilmente è vero. Ma si può comunque conservare il desiderio di imparare e di scoprire senza frequentare una scuola Montessori. Per esempio, l'ambiente familiare e le interazioni con gli adulti svolgono un ruolo fondamentale. Ritengo che tutto ciò che si può fare per preservare la motivazione all'apprendimento sia positivo.

Vostro figlio vi rivolge domande su un determinato argomento e vorrebbe imparare una certa cosa? Vi accorgete che si sforza di contare, di classificare, di leggere un libro da solo? Lasciatevi coinvolgere, anche se non rientra nei vostri programmi. Il semplice fatto di interessarsi a questi argomenti può contribuire ad alimentare la sua volontà di imparare, ed è una cosa molto importante.

Devo riconoscere che non è sempre facile farsi coinvolgere: l'approccio educativo Montessori è molto codificato, l'istruzione pubblica antepone i propri metodi didattici e i genitori si sentono dire spesso che bisogna lasciar fare agli insegnanti per evitare di interferire con i loro metodi. Personalmente non sono d'accordo. Perché non rispondendo alle richieste dei bambini si rischia di spegnere la loro curiosità e la loro voglia di imparare. È sempre un fatto positivo che i genitori si lascino coinvolgere, anche se lo fanno in modo imperfetto o diverso rispetto alla scuola.

E inoltre la famiglia presenta ovviamente il vantaggio di essere un contesto emotivo favorevole. Se invitate vostro figlio a partecipare all'elaborazione di una ricetta e gli affidate un compito preciso, non esitate a dirgli che contate su di lui, sul suo ruolo attivo, sulle sue competenze o qualità: "Ho bisogno del tuo aiuto. Potresti lavare questo o preparare quello, è molto importante per la cena di questa sera".

Sentirsi utili, svolgere un vero lavoro e, di riflesso, imparare qualcosa di concreto (per esempio quante patate occorrono per preparare una cena per quattro persone): tutto questo rappresenta una forte motivazione. Proprio come noi, i bambini adorano sentirsi utili, aiutare le persone a cui vogliono bene, e questo può essere un potente stimolo all'apprendimento.

Per accompagnare i bambini nel loro percorso di apprendimento, occorre anzitutto capire in che modo imparano. Esistono tecniche in grado di facilitare la comprensione e la memorizzazione?

I bambini mettono in atto diverse strategie per imparare! Per esempio, una prima strategia consiste nello sperimentare. Nel bambino l'apprendimento si realizza attraverso il "lavoro" delle mani e la manipolazione, e questo gli permette di imparare tramite un procedimento di "tentativo-errore": ciò significa che continuerà a provare finché non riuscirà a raggiungere il risultato sperato, eventualmente affinando i gesti e adattando la strategia. Tutti i materiali didattici che prevedano un sistema di "controllo dell'errore" sono molto utili: permettono infatti al bambino di verificare la correttezza delle proprie azioni senza che altri debbano sanzionarlo (nel metodo Montessori, se la torre rosa cade, è perche i cubi non sono stati ben centrati; se rimangono dei fuselli o se ne mancano significa che il calcolo effettuato non è corretto ecc.). L'errore è un segnale negativo per consolidare qualcosa di positivo, cioè l'apprendimento in generale. Perciò non bisogna averne paura.

Un'altra strategia può essere semplicemente l'osservazione. I bambini sono dotati di una straordinaria capacità di imitazione. Da una semplice dimostrazione, effettuata con gesti lenti e ben articolati, possono imparare molto. In quanto adulti, dobbiamo esserne consapevoli, dato che nella vita di tutti i giorni siamo abituati a compiere numerose azioni rapidamente e senza neppure pensarci. Per aiutare i nostri figli a diventare autonomi e a imparare, diamoci il tempo di fare dimostrazioni con la dovuta lentezza e precisione.

Un'altra interessante strategia di apprendimento consiste nell'utilizzare diversi organi di senso. Le neuroscienze dimostrano che il fatto di ricevere informazioni dal mondo esterno attraverso apparati sensoriali diversi (udito, vista, tatto ecc.) favorisce il processo di apprendimento. Attenzione, non mi riferisco alla leggenda secondo la quale alcuni bambini imparerebbero più facilmente attraverso la vista, altri grazie al tatto ecc. Questi "stili di apprendimento" non esistono nella realtà e, anzi, sarebbe pericoloso sostenerne la fondatezza. Ma affrontare l'apprendimento in una prospettiva multisensoriale può solo rivelarsi molto vantaggioso per la comprensione e la memorizzazione, senza contare che questo tipo di approccio permette di attivare l'interesse del bambino.

Infine, potete proporre a vostro figlio di spiegare quello che sa a un fratello o una sorella più piccoli (o anche della stessa età). L'aspetto "tutoriale" è molto importante: offrendo il proprio sostegno a un altro bambino o cercando di insegnargli qualcosa, i bambini non solo sviluppano il valore dell'aiuto reciproco ma si sforzano anche di "precisare" le proprie conoscenze, di diventare più consapevoli delle proprie acquisizioni. È una strategia fortemente incoraggiata nelle scuole Montessori, ma l'abbiamo già sperimentata tutti: impariamo molto meglio quando dobbiamo insegnare agli altri!

Parlando di queste diverse strategie, noto che non rimane molto spazio per l'apprendimento di tipo "scolastico" (basato esclusivamente su spiegazioni verbali) o in 2D, con foglio e penna. Per imparare, i bambini hanno sempre bisogno di essere in azione, in movimento?

Ovviamente il bambino può imparare anche senza l'azione e il movimento, ma è probabile che questa componente favorisca l'apprendimento. Molte delle cose che impariamo si fondano su meccanismi molto più antichi dal punto di vista evolutivo. Per esempio, le nostre capacità motorie o spaziali sono chiamate in causa nel processo di apprendimento. È il caso del linguaggio. Alcuni studi dimostrano che, quando utilizziamo vocaboli che esprimono azioni, l'informazione viene direttamente elaborata da quelle aree del cervello che incitano all'azione. Anche la matematica si basa sul nostro senso dello spazio: basti pensare alle misure... Ecco perché incoraggiare il bambino a muoversi e agire può essere molto utile per favorire l'apprendimento.

Se parliamo di insegnamento scolastico, questo significa che permettere al bambino di toccare le lettere, per esempio quelle smerigliate utilizzate nel metodo Montessori, può favorire la memorizzazione del codice linguistico, del suono, della forma. Allo stesso modo, l'uso di oggetti che permettano di visualizzare la grandezza dei numeri facilita la comprensione di concetti matematici.

Il movimento e il tatto sono molto importanti per le piccole mani, a scuola come a casa. Ma questo, è ovvio, non deve impedire di proibire ai bambini di toccare i soprammobili fragili o di accedere agli spazi della casa in cui si trovano oggetti particolari: ciò li aiuterà a sviluppare il controllo inibitorio – ovvero la loro capacità di controllarsi –, e anche questo è molto importante. Questa capacità fa parte delle funzioni esecutive, di cui oggi sappiamo che costituiscono una solida base per tutte le altre forme di apprendimento.

Si parla molto di funzioni esecutive da quando l'Università di Harvard le ha definite come fattori ancora più predittivi del QI per determinare il futuro grado di successo personale a tutti i livelli (scolastico, professionale, relazionale, affettivo). Può spiegarci di che cosa si tratta?

Numerosi studi mettono in evidenza il ruolo fondamentale delle funzioni esecutive per prevedere il futuro successo scolastico dei bambini. Quando si parla di "previsione", ovviamente, non si intende dire che le funzioni esecutive "quantificate" nel bambino piccolo condizioneranno il destino dell'individuo. Sarebbe più corretto affermare che tali funzioni possono in parte spiegare le differenze che si manifesteranno più tardi nei bambini. Tuttavia, ciò non significa che non possano entrare in gioco altri fattori, né che non sia possibile intervenire sulle funzioni esecutive. In altri termini, si è potuto constatare come lo sviluppo di queste funzioni determini condizioni favorevoli all'apprendimento e permetta più tardi di essere organizzati, concentrati, capaci di prefiggersi e raggiungere obiettivi sia professionali sia personali.

Si distinguono diverse funzioni esecutive, spesso strettamente correlate fra loro. Innanzitutto bisogna menzionare il "controllo inibitorio", di cui ho appena parlato: si tratta della capacità di restare profondamente concentrati, di essere costanti, di non lasciarsi distrarre alla minima occasione, di controllare gesti ed emozioni.

Nelle funzioni esecutive rientra anche la "memoria di lavoro", che permette di trattenere e gestire un certo numero di informazioni per un breve periodo di tempo. Può trattarsi di una serie di azioni da compiere o di numeri da addizionare o moltiplicare.

Inoltre, se il bambino individua un errore, la "flessibilità cognitiva" gli consentirà di adattarsi e di adottare una nuova strategia per raggiungere il proprio obiettivo.

Infine, la "pianificazione" è un'altra funzione esecutiva che permette di svolgere in un ordine prestabilito una serie di azioni volte al raggiungimento di un determinato obiettivo.

Un celebre esperimento sulle funzioni esecutive è stato effettuato alla fine degli anni Sessanta del secolo scorso.

Alcuni ricercatori hanno tentato di stabilire, tramite l'esperimento detto del marshmallow, in quale misura i bambini sono in grado di accedere al concetto di "gratificazione differita". Si fa entrare un bambino in una stanza e gli si mette davanti un marshmallow. L'adulto gli dice: "Mi assento per 15 minuti. Se non mangi questo marshmallow, te ne darò un altro appena torno". A partire dal momento in cui l'adulto lascia la stanza, le strategie messe in atto dai bambini sono diverse. Alcuni finiscono per mangiare il dolcetto. Altri invece lo annusano, lo osservano, lo leccano o ne mordono un pezzetto. La strategia adottata per riuscire ad aspettare il ritorno dell'adulto e ottenere la ricompensa varia da un soggetto all'altro. Questo esperimento dimostra che lo sviluppo delle funzioni esecutive – in particolare il controllo inibitorio – non è identico in tutti i bambini.

Ma continuando a seguire questi stessi bambini nell'arco di venti o trent'anni, tramite studi longitudinali, si può notare come quelli che sono riusciti ad aspettare raggiungano migliori risultati scolastici e professionali e instaurino relazioni sociali più soddisfacenti (con coetanei, insegnanti, partner ecc.) rispetto a quelli che hanno ceduto alla tentazione.

Si tratta certo di maturità cerebrale, ma allo stesso tempo è importante anche allenarsi all'utilizzo di queste funzioni. Perché, in sostanza, le funzioni esecutive ci permettono di adattarci a situazioni inedite, per le quali non esiste una soluzione "già pronta" e che ci richiedono di intraprendere una serie di azioni, di pianificarle, di organizzarle avendo sempre ben chiaro l'obiettivo finale. Ce ne serviamo nella vita di tutti i giorni: per cambiare strada se c'è traffico quando ci rechiamo al lavoro, per realizzare una ricetta di cucina, per organizzare la festa di compleanno di un caro amico...

Come possiamo aiutare i nostri figli a sviluppare queste famose funzioni esecutive?

Molte azioni quotidiane che il bambino può compiere autonomamente gli permettono di esercitare le funzioni esecutive. Vestirsi, lavarsi i denti, sgusciare un uovo, pulire il tavolo sono altrettanti compiti che richiedono una pianificazione e che sono spesso affrontati con entusiasmo. Lo scopo di queste azioni quotidiane è legato alla vita reale e viene percepito dal bambino come raggiungibile e motivante, tanto che non viene mai perso di vista durante l'esecuzione dell'esercizio; quest'ultimo si articola in un numero di operazioni variabile da tre a sette o otto; le operazioni devono essere svolte in base a una sequenza logica; infine, è possibile iniziare con una sequenza molto semplice, aumentandone via via la complessità con l'aggiunta di una difficoltà supplementare.

Un metodo educativo come il Montessori è interessante proprio perché "lavora" su tutti questi aspetti, che si proponga ai bambini di camminare su una curva ellittica tracciata sul pavimento reggendo diversi oggetti o invitandoli a eseguire esercizi legati alla vita pratica, come stendere il bucato, lavare il pavimento, occuparsi delle piante, lucidare le scarpe... Ma anche i giochi di società sono molto utili, perché obbligano i bambini a seguire delle regole, ad attendere il proprio turno, a memorizzare le istruzioni, oltre a essere un'ottima occasione per introdurre i numeri!

È comunque strano sentirsi dire che incoraggiando il proprio figlio a spazzare il pavimento lo aiuteremo a imparare più facilmente e poi a risolvere con successo ogni genere di situazione nella sua vita futura!

Eppure molto probabilmente è proprio così. Questi esercizi non solo potenziano la sua capacità di attenzione ma anche, per estensione, rendono il cervello più disponibile a imparare. Infatti, automatizzando alcune azioni quotidiane (sedersi a tavola, impugnare la matita, rimettere in ordine le proprie cose ecc.), il bambino alleggerisce la propria memoria di lavoro per concentrare l'attenzione sui nuovi apprendimenti.

È esattamente quello che facciamo quando guidiamo l'auto. Appena presa la patente, le prime volte che ci troviamo al volante, siamo tutti concentrati sulla guida. Ma dopo un po' di tempo, il cervello avrà automatizzato un certo numero di azioni: non pensiamo più in modo cosciente a cambiare le marce. Sgravando la memoria di lavoro, possiamo sintonizzarci su una stazione radio e conversare con il passeggero a fianco... pur continuando a guidare. Lo stesso processo si verifica a scuola quando il bambino impara la matematica. È importante che il bambino automatizzi le operazioni aritmetiche elementari perché questo gli consente di scaricare la memoria di lavoro quando dovrà eseguire esercizi più complessi. Che si tratti di esercitare le funzioni esecutive o di potenziare gli insegnamenti scolastici, il coinvolgimento dei genitori è fondamentale per aiutare il bambino a sviluppare le proprie facoltà intellettive. E può solo essere un vantaggio, indipendentemente dai metodi o dai supporti utilizzati.

3

Potenziare l'insegnamento scolastico: vocabolario, matematica, lettura, scrittura

Nel suo metodo educativo Maria Montessori sottolineava un principio fondamentale: per capire i concetti, i bambini hanno bisogno di manipolare! Grazie alle perle colorate, ai fuselli, all'alfabeto tattile, la celebre educatrice è riuscita a rendere incredibilmente concreto l'apprendimento della matematica, della scrittura e di molte altre discipline... Se la scuola utilizza prevalentemente le informazioni scritte e la memorizzazione come modalità di trasmissione del sapere, i genitori hanno un ruolo molto importante nel supportare questi insegnamenti: spetta a loro infatti dimostrare nella vita quotidiana l'utilità della matematica, della geometria, della lingua scritta, e proporne un'applicazione pratica! Per aiutarvi in questo compito, vi illustriamo una serie di attività che coniugano cucina e discipline classiche. E non potrete che darci ragione: con le mani in pasta, tutto diventa molto meno astratto e infinitamente più piacevole!

ABBINARE GLI OGGETTI ALLE CARTE DELLE NOMENCLATURE

Da 1 anno e 1/2

PAG. 21

Materiale molto utilizzato nel metodo Montessori, le carte delle nomenclature (o tematiche) raffigurano, con l'aiuto di foto o illustrazioni realistiche, elementi o oggetti di uso quotidiano. Permettono di arricchire il vocabolario del bambino e di sviluppare la sua capacità di osservazione! Per realizzare questo laboratorio, ritagliate le carte delle nomenclature di frutta e verdura alla fine del libro!

Scegliete tre frutti e metteteli in un cestino insieme alle carte corrispondenti.

Prendete un frutto e nominatelo, dicendo per esempio: "È una mela". Posatelo di fronte al bambino perché lo osservi, lo tocchi, lo annusi. Poi collocatelo in alto a sinistra sul tappetino. Fate lo stesso con gli altri frutti, che allineerete da sinistra a destra sul tappetino.

Prendete una carta. "È la foto di un kiwi. Vedi un kiwi sul tappetino?" Collocate la carta sul tappetino sotto il frutto corrispondente. Concludete l'attività insieme al bambino prima di chiedergli se vuole ricominciare da solo.

Più tardi potrete proporre cubetti di frutta (pera, mela, pesca bianca o gialla, albicocca ecc.) in coppette e le relative carte. Chiedete al bambino di assaggiare il contenuto di ciascuna coppetta e di abbinare la carta del frutto che sarà riuscito a riconoscere!

Varianti. È possibile proporre abbinamenti a partire dai 12 mesi con due oggetti identici (e non un oggetto e la carta che lo raffigura). Presentate regolarmente al bambino nuovi "temi", sotto forma di oggetti in miniatura o pupazzetti da abbinare alle carte oppure utilizzando solo le carte: frutta e verdura di stagione, funghi, animali della fattoria, insetti, uccelli ecc. Potrete trovare in Internet numerosi soggetti da stampare, che rappresentano altrettante opportunità per soddisfare la curiosità del bambino!

Frutta
"multisensoriale"

PREPARAZIONE: 5 MIN

Frutta a scelta

Le piccole mani possono

Lavare la frutta, tagliarla con un coltello o con gli stampini, infilare i pezzetti su uno spiedino.

I vostri figli non amano la frutta? Fategliela scoprire grazie alla vista, al tatto, all'odorato. È un modo molto efficace per suscitare il loro interesse... e la voglia di assaggiarla!

Cominciare a osservare la buccia di ogni frutto, il suo colore, gli elementi che lo compongono. Munirsi eventualmente di una lente di ingrandimento per confrontare la polpa e il suo involucro. Ci sono semi? Un nocciolo? Del succo?

Continuare usando il tatto. La buccia è ruvida o liscia? Soda o morbida? Vellutata o ispida? Il frutto è pesante o leggero?

Proseguire con l'olfatto. Annusare lentamente la buccia. Che odore ha? È intenso o delicato? Come si può descrivere questo odore? Tagliare il frutto e ripetere l'esercizio annusando la polpa.

Infine, assaggiare un pezzetto del frutto in silenzio. Masticare con calma, cercare di avvertirne il sapore ed esprimere le proprie sensazioni. È dolce? Acidulo? Succoso? Croccante?

Provare anche gli stampini! Dopo aver tagliato la frutta (pera, mela, anguria, pescanoce, melone) a fette di circa 3 mm di spessore, lasciare che il bambino crei una propria composizione o che degusti le forme di frutta man mano che vengono realizzate.

ASSOCIARE GLI ELEMENTI

Dai 2 anni

A partire dai 2 anni e mezzo, e una volta assimilati i concetti di "poco" e "molto", è utile lavorare su quello di "giusta" quantità con i bambini, parallelamente all'acquisizione dei numeri. Grazie a diverse attività di manipolazione, si tratta di cercare di associare una serie di oggetti a un'altra serie di oggetti, imparando poi a contarli.

Durante l'esecuzione della ricetta, invitate il bambino a raggiungervi quando i biscotti saranno disposti sulla placca del forno, dopo aver predisposto una ciotola con 12 mezzi quadratini di cioccolato.

Pronunciate la seguente richiesta: "Metti un pezzetto di cioccolato su ogni biscotto. Quando avrai finito, ogni biscotto deve avere un pezzetto di cioccolato e nella ciotola non deve rimanere niente". Lasciatelo lavorare, poi verificate che abbia rispettato la consegna. Proseguite poi con la ricetta.

Proponete regolarmente questo tipo di associazioni: prima semplici ("Metti le uova nei portauovo" o "Posa un tovagliolo su ogni piatto"), poi più complesse ("Metti in ogni ciotola 5 mirtilli, 3 lamponi, 1 ciliegia" ecc.).

Biscotti ripieni al cioccolato

PREPARAZIONE: 15 MIN
COTTURA: 10 MIN
PER 12 BISCOTTI

60 g di zucchero
80 g di olio di cocco
60 g di bevanda vegetale
200 g di farina
1 pizzico di sale
6 quadratini di cioccolato tagliati a metà

Preriscaldare il forno a 180 °C.

Mescolare l'olio di cocco e lo zucchero fino a ottenere un composto omogeneo. Aggiungere la bevanda vegetale e mescolare di nuovo. Unire la farina e il sale, poi impastare con le mani fino a formare una palla.

Sulla placca di cottura rivestita di carta da forno disporre palline di pasta grandi come una noce. Appiattirle con il palmo della mano, mettere su ogni disco mezzo quadratino di cioccolato e ripiegare accuratamente la pasta sul cioccolato. Appiattire leggermente e infornare per 10 min.

Quando verranno tolti dal forno i biscotti saranno ancora morbidi. Lasciarli raffreddare per 5 min: si rassoderanno pur conservando un tenero cuore di cioccolato.

Le piccole mani possono

Mescolare l'olio di cocco e lo zucchero, dosare gli ingredienti, preparare l'impasto, modellare le palline di pasta e disporle sulla placca da forno.

Benefici per la salute Ecco una gustosa alternativa ai biscotti di produzione industriale, troppo ricchi di zucchero e pieni di additivi e fosfati, dannosi per la salute dei bambini. Una sola infornata di questi biscotti vi garantirà buona parte delle merende della settimana, senza che i bambini escano da scuola con le mani sporche di cioccolato!

SELEZIONARE GLI ALIMENTI

Dai 2 anni

Tra i 2 e i 4 anni, i bambini attraversano il periodo sensibile dell'ordine, durante il quale hanno bisogno e desiderano che ogni cosa sia al suo posto, sistemata o eseguita secondo un ordine logico. È una fase molto importante perché permette al bambino di imparare a organizzare le idee e il pensiero, oltre che a fare collegamenti logici.

Per soddisfare questo bisogno, proponete regolarmente attività di selezione e classificazione. Per esempio:

- **selezionare frutta a guscio** (nocciole, noci, mandorle ecc.) suddividendola in diversi contenitori. I colori poco differenziati aumentano la difficoltà dell'esercizio;
- **classificare gli agrumi in base alle dimensioni,** dal più piccolo al più grande (lime, limone, clementina, mandarino, arancia, pompelmo, pomelo);
- **ordinare in base alle sfumature di colore** (scegliendo una cassetta con diverse varietà di pomodori o alcune vaschette di frutti di bosco) o preparare sacchetti di colore rosa, giallo arancio, verde, viola con verdura e frutta acquistate al mercato... e in previsione di una settimana di prime colazioni ipervitaminiche (vedi ricette nella pagina a fianco)!

I re dello smoothie

PREPARAZIONE: 1 H + 3 MIN PRIMA DI SERVIRE

SACCHETTO GIALLO ARANCIONE: il contenuto di un frutto della passione + 1/2 tazza di mango + 1/2 banana. Aggiungere 1/2 tazza di acqua + 1/2 tazza di latte di cocco
SACCHETTO ROSA: 5 fragole + 10 lamponi + 1/2 tazza di cocco disidratato. Aggiungere 1/2 tazza di fiocchi di latte
SACCHETTO VERDE: 1/4 di tazza di ananas + 1/2 avocado + 2 tazze di spinaci + 1 tazza di succo di mela. Aggiungere 2 cucchiai di fiocchi di latte
SACCHETTO VIOLA: 1/2 tazza di fragole + 1/2 tazza di mirtilli + 1/2 tazza di uva rossa. Aggiungere 1/2 tazza di bevanda vegetale
SACCHETTO CIOCCOLATO: 1 tazza di spinaci + 1 banana + 2 cucchiai di cacao in polvere. Aggiungere 1/2 cucchiaino di estratto di vaniglia + 1 tazza di latte di mandorle

Le piccole mani possono

Lavare e tagliare frutta e verdura, distribuirle nei sacchetti in base al colore, dosare gli ingredienti (acqua, latte, succo di frutta ecc.).

AL RITORNO DAL MERCATO

1. Con il vostro piccolo aiutocuoco, tagliare a pezzetti la frutta, scegliere una manciata di frutti di bosco, qualche foglia di spinaci per i più temerari...

2. Distribuire il tutto in modo armonioso in sacchetti di plastica da freezer seguendo alcune semplici regole:

- proporre al bambino di rispettare l'armonia dei colori (sacchetto rosa, giallo arancione ecc.) è un ottimo esercizio di selezione;
- più difficile, illustrare la (le) ricetta(e) scelta(e) su un foglietto. Il bambino dovrà seguire le istruzioni, trovare gli elementi da aggiungere, contarli per preparare i sacchetti;
- mettere i sacchetti nel congelatore.

AL MATTINO

Estrarre un sacchetto, svuotarlo nel frullatore in cui sarà già stato versato un fondo di bevanda vegetale, succo di frutta o fiocchi di latte. Frullare per 20-60 secondi in base alla potenza del mixer e, se necessario, aggiungere ancora un po' di liquido per ottenere la consistenza desiderata.

Accorgimento Non ditemi che vi manca il latte! Per non restarne mai sprovvisti, provvedete a riempire gli stampi di una vaschetta per il ghiaccio con latte di mandorle alla vaniglia, acqua di cocco o latte di cocco. Niente più scuse!
Benefici per la salute Gli smoothie sono la ricetta BINGO della prima colazione: massima concentrazione di vitamine e fibre in un solo (grande) bicchiere!

SCOPRIRE LE FORME GEOMETRICHE

Dai 2 anni e 1/2

Prendere in mano forme geometriche diverse permette ai bambini di rendersi conto del loro volume e di ricordarne più facilmente il nome. Più tardi, dopo i 2 anni e mezzo, potranno "rileggere" gli elementi del mondo esterno (gli edifici, l'arte, gli oggetti di uso quotidiano) e definirli con precisione. Potrà diventare un gioco divertente fra voi e vostro figlio!

L'idea consiste nel reperire oggetti il più possibile neutri, di forme diverse e perfette, così da poterne insegnare il nome al bambino: cono, sfera, cubo, cilindro ecc. Sceglete quelle che preferite, ma fate attenzione a presentarle al bambino in serie di tre o quattro al massimo, privilegiando le forme che si differenziano di più tra loro: per esempio cubo, sfera e cono.

Prendete in mano il cubo, sfioratene delicatamente le facce, gli spigoli... Posate il cubo di fronte al bambino e dite "cubo". Invitatelo a prendere in mano la forma per "sentirla". Poi proponetegli di pronunciare la parola "cubo". Ripetete l'operazione per le altre due forme.

Dopo aver presentato tutte e tre le forme, chiedete: "Fammi vedere il cubo", "Fammi vedere il cono" ecc. Poi invitate il bambino a cercare intorno a sé tutti gli oggetti a forma di cono, di cubo o di sfera, per aiutarlo a memorizzarne le forme e i nomi. In un secondo tempo, potrete nascondere i solidi geometrici sotto un foulard e chiedere al bambino: "Dammi il cubo".

Falafel con salsa tahina

AMMOLLO: 1 NOTTE
PREPARAZIONE: 20 MIN
COTTURA: 15 MIN
PER 4 PERSONE

200 g di ceci secchi
1 cucchiaio di prezzemolo
2 cucchiai di coriandolo tritato
1/2 spicchio d'aglio schiacciato
1 scalogno tritato
1 cucchiaino di cumino in polvere
1/2 cucchiaino di coriandolo in polvere
1/2 cucchiaino di bicarbonato di sodio
1 cucchiaio di farina (meglio se di ceci!)
3 cucchiai di olio d'oliva + la quantità necessaria per la cottura
Sale, pepe

PER LA SALSA
Il succo di 1/2 limone
2 cucchiai di tahina (salsa di semi di sesamo)
2 cucchiai di fiocchi di latte
1/2 spicchio d'aglio tritato

Il segreto per preparare dei super falafel che non si sfaldino durante la cottura? Non utilizzare ceci in scatola ma lasciare i ceci secchi in ammollo in acqua fredda per tutta una notte.

Il giorno dopo, asciugare bene i ceci prima di frullarli (senza cuocerli), poi versarli nel mixer con tutti gli altri ingredienti. Aggiungere 3 cucchiai di olio d'oliva, sale e pepe, poi frullare fino a ottenere un composto omogeneo. Versarlo in una ciotola e conservare in frigorifero per 1 h.

Preparare delle polpette di 2 o 3 cm di diametro (o altre forme) e disporle in un'insalatiera contenente 2 cucchiai di olio d'oliva. Rigirarle e rimetterle in frigo per 1 h.

Cuocere i falafel in forno a 200 °C per 15 min (su una placca foderata con carta da forno) rigirandoli più volte o friggerli in padella con poco olio d'oliva (inutile immergerli in un bagno d'olio!). Servire i falafel caldi con la salsa e un'insalatina di indivia tagliata finemente.

Le piccole mani possono

Versare gli ingredienti nel frullatore, preparare le polpette e disporle sulla placca da forno.

Attività di scoperta Questa ricetta può anche essere un'utile introduzione alle forme geometriche se modellate i falafel come palline, medaglioni, cubetti ecc.

Benefici per la salute Queste polpette sono un alimento molto sano! I ceci sono infatti ricchi di fibre (utili per la flora batterica intestinale), acido folico (indispensabile per la produzione di nuove cellule dell'organismo) e triptofano (che favorisce il sonno dei bambini).

SELEZIONARE I FRUTTI AUTUNNALI

Dai 2 anni e 1/2

Castagne, noci, nocciole e altri frutti autunnali permettono di organizzare laboratori divertenti e facili da mettere in pratica con poca spesa.

Potete chiedere al bambino di selezionare frutti a guscio seguendo queste fasi:

- riunire in una ciotola alcune noci, nocciole, mandorle e castagne (una selezione interessante dato che le forme, le dimensioni e i colori sono relativamente simili);
- distribuire questi frutti in quattro ciotole diverse;
- per aumentare il grado di difficoltà, il bambino potrà utilizzare delle pinze da cucina per prendere i frutti e trasferirli nelle ciotole corrispondenti.

Per prolungare l'attività, potete anche proporre al bambino di:

- classificare i frutti dal più piccolo al più grande o dal più scuro al più chiaro;
- per i più piccoli (dai 2 anni), travasare a mano i frutti da un contenitore all'altro o ripescarli da un'insalatiera piena d'acqua servendosi di un colino;
- disporre 1 frutto in ciascun alveolo di un contenitore per uova per lavorare sulle associazioni di elementi;
- approfondire i concetti di "poco", "molto", "un po' più/meno";
- far corrispondere la quantità indicata su alcune carte (con un numero e la sua rappresentazione) al numero corretto di frutti (per esempio castagne), poi esemplificare una sequenza numerica (1 castagna sotto la casella dell'1, 2 castagne sotto la casella del 2 ecc.);
- eseguire le prime operazioni matematiche ecc.

Bevanda vegetale

PREPARAZIONE: 10 MIN
AMMOLLO: 1 NOTTE

100 g di frutta secca (a scelta: anacardi, mandorle, nocciole o un miscuglio di 2 o 3 varietà)
75 cl di acqua filtrata
Sale (facoltativo)
Miele (facoltativo)

Lasciare in ammollo la frutta secca per tutta una notte in un'abbondante quantità d'acqua. Il giorno dopo estrarla con un colino e risciacquarla sotto l'acqua corrente.

Nel bicchiere di un frullatore abbastanza potente versare i frutti con l'acqua filtrata. Frullare alla massima potenza per 1 min. Aggiungere eventualmente 1 presa di sale (per stimolare le papille gustative) e 1 cucchiaio di miele (per dolcificare).

Si può anche aromatizzare la bevanda con la vaniglia o 2 cucchiai di cacao!

Travasare in un telo pulito sopra un'insalatiera e filtrare.

Premere bene per far uscire tutto il liquido (l'occasione ideale per sviluppare la muscolatura delle piccole mani!).

Non gettare il residuo rimasto nel telo: è l'okara che servirà per la preparazione dei cookies (vedi p. 133).

Versare il liquido ottenuto in una bottiglia, conservare in frigorifero e consumare entro 5 giorni.

Agitare bene la bottiglia prima di ogni utilizzo.

Le piccole mani possono

Dosare e mescolare gli ingredienti, pressare i frutti già frullati per estrarne la bevanda vegetale.

Accorgimento Ricco di fibre, proteine e acidi grassi, l'okara (la polpa che rimane dopo la preparazione del latte vegetale) può essere utilizzato come parziale sostituto della farina in ricette dolci o salate, alle quali apporta una consistenza più morbida e un lieve aroma di noce.

Benefici per la salute Dal punto di vista nutrizionale, le bevande vegetali costituiscono una valida alternativa al latte, grazie a un elevato apporto di oligoelementi (soprattutto calcio, magnesio e ferro), vitamine e grassi "buoni". Sono inoltre particolarmente digeribili.

DOSARE E TRAVASARE INGREDIENTI SECCHI

Dai 3 anni

Un'abilità fondamentale per gli apprendisti cuochi! Presentate al bambino le tazze (cups) e i cucchiai (spoons) dosatori e spiegategli come utilizzarli per dosare gli ingredienti, eventualmente aiutandovi con le immagini.

Approfondite il concetto di grandezza. Qual è il cucchiaio più piccolo? E il più grande? Chiedete al bambino di impilare cucchiai e tazze in ordine di grandezza.

Per imparare a dosare, si prende una tazza, la si immerge in una ciotola piena di frutta secca, si ruota il polso per riempirla e riportarla in superficie. Poi, se necessario, si toglie l'eccedenza con la mano prima di travasare il contenuto in una ciotola capiente.

Per la farina o lo zucchero, si comincia riempiendo il cucchiaio. Quando sembra pieno, lo si scuote delicatamente da sinistra a destra per pressare un po' il contenuto e si verifica che non ne manchi. Se il cucchiaio è troppo pieno, si utilizza il dito (ben teso) o la lama di un coltello per livellare la superficie: si passa delicatamente sul bordo spingendo l'eccedenza... verso il contenitore della farina o dello zucchero!

Potete anche mostrare al bambino come recuperare un elemento caduto fuori dal contenitore usando le dita "a pinza", unendo cioè indice e medio e facendoli aderire al pollice. Questa semplice operazione gli permette di verificare la correttezza della sua azione e, se necessario, di trovare da solo una soluzione. Senza contare che esercitarsi a posizionare le dita "a pinza" è un'ottima introduzione alla futura prensione della penna.

Barrette ai cereali fatte in casa

PREPARAZIONE: 15 MIN + RIPOSO
COTTURA: 5 MIN
PER 12 BARRETTE

LA BASE
1 tazza di fiocchi di avena
1 1/2 tazza di quinoa soffiata
2 cucchiai di semi di chia
1/3 di tazza di scaglie di cocco
1 pizzico di sale

IL LEGANTE
1/3 di tazza di burro di anacardi
1/4 di tazza di zucchero di cocco liquido, di sciroppo d'acero o miele
2 cucchiai di olio di cocco
1 cucchiaino di estratto di vaniglia
5 cucchiai di acqua

VERSIONE CIOCCOLATO BIANCO
1/4 di tazza di mandorle tritate
1/2 tazza di mirtilli, mirtilli rossi (cranberries) o albicocche secche
2 tavolette di cioccolato bianco

VERSIONE CIOCCOLATO FONDENTE
1/4 di tazza di nocciole tritate
1/2 tazza di datteri morbidi snocciolati e tagliati a pezzetti
2 tavolette di cioccolato fondente

Dosare gli ingredienti della base e versarli man mano in una ciotola. Aggiungere la presa di sale e mescolare.

In una casseruola scaldare a fuoco dolce il burro di anacardi e lo zucchero, aggiungere l'estratto di vaniglia e l'acqua, poi mescolare. Quando il composto sarà omogeneo, versarlo nella ciotola e miscelare il tutto. Incorporare la frutta secca.

Foderare con carta da forno una teglia da 15 x 20 cm e versarvi il preparato. Premere con il palmo della mano per distribuirlo in modo uniforme (deve avere uno spessore di 2 o 3 cm), poi mettere la teglia nel congelatore.

Estrarre la teglia e tagliare 9-12 barrette ai cereali. Mettere la teglia in frigorifero per 1 o 2 h.

Sciogliere il cioccolato (bianco o fondente) a bagnomaria e versarlo in una piccola caraffa munita di beccuccio e di manico.

Stendere un foglio di carta da forno sul piano di lavoro, collocarvi sopra la griglia del forno e disporre le barrette ai cereali sulla griglia. Su ogni barretta versare a zigzag del cioccolato fuso. Rimettere in frigorifero per qualche ora.

Le piccole mani possono

Dosare gli ingredienti, mescolare il composto, distribuirlo nella teglia, far sciogliere il cioccolato.

Accorgimento Potete congelare le barrette togliendole dal freezer con 15 minuti di anticipo per consumarle a temperatura ambiente. In frigorifero si conserveranno per alcuni giorni.

Benefici per la salute Queste barrette ai cereali fatte in casa garantiscono energia a lunga durata e un buon apporto di magnesio, che aiuta a stabilizzare l'umore e favorisce lo sviluppo delle facoltà cerebrali.

TRACCIARE FORME E LETTERE NEL SEMOLINO

Dai 3 anni

PAG. 233

Prima di "scrivere" bisogna imparare a "tracciare" in modo preciso e scrupoloso. Esercitarsi con il semolino offre un approccio di tipo sensoriale molto apprezzato dai bambini, che non avvertono la "pressione" dello strumento di scrittura di cui a volte non sanno ancora bene come servirsi. È anche un'ottima occasione per iniziare a memorizzare il tracciato delle lettere o dei numeri!

La placca del forno è ideale per questo esercizio: nera e abbastanza profonda, senza il rischio di immediato spargimento del contenuto! Per facilitare la realizzazione di questo laboratorio, ritagliate le carte delle lettere dell'alfabeto, dei numeri e delle linee che trovate a fine libro.

Iniziate nominando tutti gli elementi (semolino, placca da forno). A seconda dell'età del bambino (vedi sotto), presentategli le carte che riportano un numero, una lettera dell'alfabeto o una forma da riprodurre e spiegategli di che cosa si tratta facendogli notare i punti di riferimento, che permettono di sapere da dove iniziare a tracciare e la direzione del movimento da eseguire.

Proponete al bambino di scegliere una carta e di seguirne il motivo almeno tre volte con l'indice e il medio uniti. Si tratta poi di riprodurre il gesto nel sottile strato di semolino. Per concludere, mostrategli come cancellare il tracciato muovendo delicatamente la placca da destra a sinistra prima di ricominciare.

Per i più piccoli: linee diritte, zigzag, onde ecc.

Per i mezzani: forme geometriche, numeri, lettere in stampatello.

Per i più grandi: linee "a ponte" (per esercitarsi a tracciare la "n" e la "m") o occhielli (piccoli e grandi per la "e" e la "l"). Per guidare il tracciato, potete anche utilizzare delle nocciole come punti di riferimento. Per esempio, per tracciare grandi occhielli, chiedete al bambino di girare intorno a due nocciole disposte come nella foto a fianco.

Mettete a disposizione del bambino una paletta e uno scopino per pulire, al termine dell'attività, il semolino sparso fuori dalla placca.

Polenta cremosa

PREPARAZIONE: 5 MIN
COTTURA: 10 MIN
PER 4 PERSONE

200 g di polenta precotta
60 cl circa di acqua (a seconda della consistenza desiderata)
25 cl di latte
1/2 dado per brodo di pollo o vegetale
50 g di formaggio grattugiato (gruviera o parmigiano)
Pepe

Far bollire l'acqua e il latte con il mezzo dado. Aggiungere la polenta, mescolare con un cucchiaio di legno e proseguire la cottura a fuoco medio continuando a rimestare, rispettando il tempo di cottura indicato sulla confezione.

Quando la polenta si stacca dal bordo della casseruola, incorporare il formaggio. Pepare. Servire subito: la polenta non aspetta!

Le piccole mani possono

Grattugiare il formaggio e dosare gli ingredienti.

Suggerimento Il piatto può essere personalizzato con prosciutto cotto tritato, funghi grigliati, gremolada, pezzetti di salsiccia, cubetti di formaggio, erba cipollina. Disponete questi ingredienti in ciotoline da cui ognuno potrà servirsi a piacere.

Benefici per la salute Grazie alla sua consistenza cremosa, la polenta ricorda ai bambini il purè e può essere proposta come sostituto della pasta: essendo priva di glutine, è anche più facilmente digeribile!

RICONOSCERE IL SUONO DELLE PAROLE

Dai 3 anni e 1/2

PAG. 213

Non appena inizia a esprimersi chiaramente, con frasi strutturate, il bambino capisce che le parole sono formate da unità più piccole: le sillabe e i fonemi. È questo il momento di risvegliare la sua consapevolezza dei suoni, importante fase di preparazione alla lettura, ancora prima di introdurre le lettere dell'alfabeto!

Disponete sul piano di lavoro tutti gli ingredienti della ricetta della pagina a fianco, così come altri alimenti i cui nomi comincino con un suono semplice (fico, arancia, banana ecc.).

Chiedete al bambino di cercare alcuni ingredienti in base a un suono presente nel loro nome: "Per la ricetta di questa sera, avrei bisogno di tutti gli ingredienti che cominciano con il suono 'k'. Riesci a trovarli?".

Incoraggiate il bambino a pronunciare ad alta voce il nome degli ingredienti che vede. Se incontra difficoltà, fatelo voi al suo posto finché non riuscirà a individuare il suono ricercato.

Infine mostrategli la lettera dell'alfabeto che riproduce il suono (servendovi delle carte da ritagliare alla fine del libro).

Quando il bambino avrà preso confidenza con questo gioco, potrete proporgli un vassoio "montessoriano" su cui avrete predisposto:

- 2 carte di diverso colore con, per esempio, le lettere "a" e "b";
- un cestino contenente oggetti in miniatura, immagini o elementi reali i cui nomi inizino con una o l'altra delle due lettere (agnello, ananas, ape, avocado, balena, banana, broccolo ecc.).

Chiedete al bambino di disporre tutti gli elementi vicino alla lettera corrispondente.

Zuppa di lenticchie corallo, carote, cocco e curry

PREPARAZIONE: 10 MIN
COTTURA: 20 MIN
PER 4 PERSONE

2 carote (200 g)
1/2 cipolla bionda
1 piccolo spicchio d'aglio
3 cucchiai di olio d'oliva
250 g di lenticchie corallo
1 cucchiaino di curcuma
1 cucchiaino di curry
60 cl di brodo
20 cl di latte di cocco
Qualche fogliolina di prezzemolo o coriandolo
Sale, pepe

Sbucciare le carote, la cipolla e l'aglio, poi tagliare il tutto a pezzetti. Far appassire nell'olio d'oliva per 5 min, a fuoco medio e a tegame coperto.

Aggiungere le lenticchie, la curcuma e il curry, salare e pepare a piacere, poi versare il brodo. Mescolare e proseguire la cottura a fuoco lento per 15 min.

Versare il latte di cocco, mescolare bene e terminare la cottura senza coperchio per altri 5 min. Si può servire la zuppa con le lenticchie solo leggermente disfatte alla cottura, ma i bambini preferiscono di solito una consistenza più omogenea, che si ottiene frullando il preparato.

Distribuire la zuppa nei piatti e servire con prezzemolo o coriandolo tagliuzzato.

Le piccole mani possono

Preparare le carote, dosare gli ingredienti e le spezie.

Benefici per la salute I legumi dovrebbero essere inclusi più spesso nella dieta dei bambini: ricchi di proteine e di fibre, apportano quantità elevate di ferro e vitamine del gruppo B, che rinforzano il sistema nervoso e stimolano le difese dell'organismo.

CONTARE E SAPER LEGGERE I NUMERI

Dai 3 anni e 1/2

PAG. 219

Parliamo di numeri tutto il giorno ("Ho portato 3 biscotti per merenda, domenica festeggiamo i 60 anni della nonna, oggi pomeriggio vengo a prenderti alle 5"...). Eppure rimangono concetti molto astratti per i bambini... Bisogna ammettere che per loro è difficile memorizzare allo stesso tempo le quantità, i numeri scritti e i nomi corrispondenti! L'obiettivo di questo esercizio è rendere un po' più concreta l'astrazione aiutandoli a comprendere le quantità e il loro ordine di grandezza e a familiarizzare con la loro forma scritta.

Per prima cosa presentate le 3 carte su cui sono raffigurate 1, 2 e 3 nocciole. Posatele sul tavolo una dopo l'altra e contate ad alta voce: "1 nocciola", "2 nocciole", "3 nocciole". Disponete sulle carte le nocciole (prese da un cestino che ne contiene 6, per permettere il controllo dell'errore), contando ad alta voce. Poi chiedete al bambino: "Fammi vedere la carta su cui si trovano 2 nocciole", "1 nocciola"... Il bambino può anche ripetere l'esercizio. Quando vi sembrerà pronto, completate la spiegazione attirando la sua attenzione sul numero scritto sopra la carta: "Ecco come si scrive il numero 1, il numero 2, il numero 3".

Man mano che il bambino prende confidenza con i numeri, aggiungete altre carte, 3 per volta, adattando il numero di nocciole nel cestino. Quando avrete presentato tutte le carte, constatate con il bambino: "1 è poco, è facile prendere in mano questa quantità di nocciole. Ma 9 è tanto, anche se usiamo tutte e due le mani!".

In una fase successiva, utilizzate solo le carte con i numeri che trovate alla fine del libro: chiedete al bambino di allinearle in ordine crescente, poi di collocare sotto ogni carta la corrispondente quantità di nocciole.

Per rendere il gioco più divertente, riunite tutte le carte in un unico mazzo e datene una al bambino: è una carta segreta, di cui dovrà leggere mentalmente il numero e poi andare a prendere nel cestino, a qualche metro di distanza, la quantità corrispondente di nocciole (ricordare la consegna è un ottimo esercizio per la memoria!). Poi verificate insieme leggendo il numero sulla carta e contando le nocciole!

Prolungamento dell'attività: per preparare il bambino all'addizione, prendete la carta del 5 e contate ad alta voce 5 nocciole. Fate lo stesso con quella del 4. Poi chiedete: "Quante nocciole dobbiamo aggiungere al 4 per averne 5?". Affrontate allo stesso modo anche il concetto di sottrazione.

Cookies all'okara

PREPARAZIONE: 10 MIN
COTTURA: 12-15 MIN
PER 8 COOKIES

100 g di okara (vedi p. 125)
100 g di farina di farro spelta
60 g di zucchero di canna integrale
1 cucchiaino di lievito senza fosfati (reperibile nei negozi bio)
50 g di olio di cocco
40 g di gocce di cioccolato fondente
25 g di nocciole tritate
1 o 2 cucchiaini di bevanda vegetale fatta in casa (da utilizzare a seconda del grado di umidità dell'okara)

Preriscaldare il forno a 180 °C.

Miscelare con una frusta da cucina tutti gli ingredienti, eccetto le gocce di cioccolato e le nocciole tritate. Aggiungerle poi al composto, insieme a poca bevanda vegetale se necessario: l'impasto ottenuto deve essere compatto ma non troppo colloso.

Preparare le palline di pasta e disporle sulla placca del forno foderata con un foglio di carta da forno. Infornare per 12-15 min.

Le piccole mani possono

Dosare e mescolare gli ingredienti, utilizzare un porzionatore da gelato per prelevare le palline di pasta e disporle sulla placca del forno.

Benefici per la salute Ricco di fibre, proteine e acidi grassi, l'okara può essere utilizzato come parziale sostituto della farina in ricette dolci o salate, alle quali apporta una consistenza più morbida e un lieve aroma di noce. In mancanza di questo ingrediente, potete utilizzare la classica farina.

SCOPRIRE LE LETTERE E IL LORO SUONO

Dai 4 anni

Il gioco e le attività di manipolazione hanno una grande importanza per l'apprendimento della lettura! Contribuiscono infatti a rendere "concreto" il codice linguistico associando un suono al segno grafico, facilitando così la memorizzazione delle lettere dell'alfabeto.

Riunite in una scatola oggetti, alimenti (vedi elenco degli esempi in cucina a p. 243), utensili, personaggi (tipo Playmobil) il cui nome inizi con la stessa lettera.

Per questo esercizio di fonetica è fondamentale la pronuncia: se la vostra scatola è dedicata alla lettera "c" (pronunciata "k"), potrà contenere una carota ma non un cerotto, e neppure un kiwi. Aggiungete alla scatola la carta della lettera corrispondente (da ritagliare alla fine del libro).

Per la presentazione al bambino, dite: "Questa è una scatola dedicata al suono 'k'. (Estraete la carta.) Ed ecco la forma scritta di questo suono".

Osservate la lettera, seguitene il contorno con le dita per memorizzarne la forma. Posatela sul tappetino o sul vassoio, poi tirate fuori gli oggetti uno dopo l'altro pronunciandone il nome (e insistendo sulla lettera iniziale). Chiedete quindi al bambino di ripetere tutta la sequenza. Constatate: "Tutti questi oggetti iniziano con il suono 'k'". Lasciate che il bambino prenda in mano i diversi elementi prima di riporre la scatola. Presentate allo stesso modo altre lettere dell'alfabeto.

In una fase successiva, potrete proporre al bambino di prendere due scatole e di svuotarne il contenuto in un cestino. Su fogli di colore diverso collocate le lettere pronunciandone distintamente il suono (e non il nome). Poi invitatelo a classificare gli elementi sul foglio corrispondente.

Quando il bambino avrà acquisito dimestichezza con le 26 lettere dell'alfabeto, potrete cominciare a introdurre i digrammi (combinazione di due lettere che indicano un unico suono, per esempio "sc" e "gn") preparando scatole specifiche o aiutare il bambino ad affinare la propria percezione fonetica chiedendogli di individuare gli oggetti il cui nome inizia o finisce con un determinato suono.

Nella ricetta illustrata nella pagina a fianco, che prevede l'utilizzo di diversi ortaggi, potete affrontare la fonetica in modo divertente chiedendo al bambino: "Passami una verdura che comincia con la 'p'. Porro, giusto! E adesso quella che comincia con la 'k'" ecc.

Bollito misto di carne e verdure

PREPARAZIONE: 20 MIN
COTTURA: 2 H 40
PER 10 PERSONE

500 g di biancostato di manzo
1 pezzo di lardo affumicato
1 cipolla bionda
2 coste di sedano
10 grani di pepe
1 mazzetto di erbe aromatiche
3 porri
1 cavolo
6 patate
6 carote
6 rape
1 zampone
6 salsicce

Le piccole mani possono

Aiutare a fare la spesa, poi lavare e preparare le verdure.

Mettere la carne di manzo in una pentola insieme al lardo affumicato, coprire con acqua fredda e portare a ebollizione schiumando regolarmente. Aggiungere la cipolla, il sedano, i grani di pepe e le erbe aromatiche, poi cuocere a fuoco medio per 1 h.

Nel frattempo preparare tutte le verdure. Tagliare i porri a metà e il cavolo in sei parti. Mettere gli altri ortaggi in una grande ciotola piena d'acqua.

Dopo 1 h di cottura, aggiungere nella pentola lo zampone, le salsicce, i porri e il cavolo. Cuocere per 20 min prima di unire anche le patate, le rape e le carote. Portare di nuovo a ebollizione e calcolare altri 20 min di cottura. Servire ben caldo (accompagnando con la senape!).

ASSOCIARE I NUMERI E LE QUANTITÀ

Dai 4 anni

PAG. 219

Quando il bambino avrà imparato la sequenza dei numeri da 1 a 9 e i corrispondenti segni grafici (grazie al materiale Montessori come i numeri smerigliati o le aste numeriche rosse e blu), proponetegli di esercitarsi sull'associazione tra simbolo e quantità prendendo ispirazione dal casellario dei fuselli utilizzato nelle scuole Montessori.

Di solito l'esercizio dei "fuselli" viene praticato con due scatole, ciascuna dotata di cinque scomparti contrassegnati da numeri: da 0 a 4 la prima, da 5 a 9 la seconda. Il bambino è invitato a distribuire 45 fuselli negli scomparti, in base al numero riportato al loro interno, per rappresentare una quantità. Per evitare l'acquisto del materiale, potete sostituire i fuselli con bastoncini da gelato riuniti in un cestino e ritagliare le carte dei numeri che trovate alla fine del libro.

Iniziate allineando le carte (da 0 a 4) di fronte al bambino adattando il numero di bastoncini nel cestino (per il controllo dell'errore: se rimane qualche bastoncino alla fine dell'esercizio, significa che il bambino si è sbagliato).

Mostrate il numero "1" sulla carta e dite "uno". Prendete un bastoncino, dite "uno", poi collocate il bastoncino sotto la carta 1 ripetendo ancora "uno".

Mostrate il "2" e dite "due". Contate due bastoncini e prendeteli facendo una pausa tra uno e l'altro (perché il bambino si renda conto della quantità) o proponete di unirli con un elastico. Mettete i bastoncini sotto la carta 2 dicendo "due".

Proseguite in questo modo finché non avrete collocato tutti i bastoncini! Fate notare al bambino che non c'è niente sotto la carta "zero". Fornitegli questa spiegazione: "Zero significa 'niente', perciò non metto niente sotto questa carta".

Proponete al bambino di svolgere da solo l'attività. Quando avrà preso confidenza con la prima serie, completate l'esercizio con tutti i numeri fino al 9! E ricordatevi di mettere 45 bastoncini nel cestino.

Stecchi gelato al cioccolato

PREPARAZIONE: 20 MIN
CONGELAMENTO: 4 H + 1 H
PER 8 GELATI

1 vasetto di crema di cocco
3 o 4 cucchiai di cacao in polvere senza zucchero
3 o 4 cucchiai di sciroppo d'agave
1 cucchiaino di vaniglia in polvere o aroma alla vaniglia
1 tazza di latte di mandorle
1 busta di panna montata vegetale in polvere

PER DECORARE

1 tazza di cioccolato bianco o fondente
2 cucchiai di olio di cocco
Pistacchi o mandorle tritate, scaglie di cocco, scorza d'arancia ecc.

Le piccole mani possono

Dosare gli ingredienti, versare il preparato negli stampi, inserire i bastoncini, far sciogliere il cioccolato, cospargere i gelati con gli ingredienti scelti per la decorazione.

Mescolare tutti gli ingredienti (eccetto la panna montata in polvere) nel bicchiere del mixer e frullare fino a ottenere un composto omogeneo. Aggiungere la panna vegetale in polvere per montare il preparato (più diventerà soffice e schiumoso, più il gelato risulterà cremoso). Riempire gli stampi, inserire i bastoncini e mettere nel congelatore per almeno 4 h.

Prima di sformare i gelati, rivestire il piano di lavoro con carta da forno e posarvi sopra la griglia del forno.

Sciogliere il cioccolato e l'olio di cocco a fuoco dolce in una casseruola, continuando a mescolare per evitare che il composto si bruci.

Lasciare raffreddare leggermente prima di immergervi i gelati, a uno a uno, per rivestirli di cioccolato fino a tre quarti. Cospargere immediatamente con le diverse decorazioni in modo che aderiscano al cioccolato fuso. Rimettere nel freezer per 1 h, poi degustare!

IMPARARE LE PROPORZIONI (IL DOPPIO, LA METÀ)

Dai 5 anni

Le attività svolte in cucina sono ideali per affrontare questi concetti che utilizziamo spesso nella vita di tutti i giorni, anche se i bambini hanno qualche difficoltà ad assimilarli. La ricetta per preparare patate incredibilmente croccanti e supersane, in sostituzione delle classiche patatine fritte, aiuterà il bambino a prendere confidenza con le proporzioni.

Per sviluppare nel bambino la percezione delle proporzioni, aprite una confezione di patate da 1 kg e fategli qualche domanda.

"Quando hai molto appetito, quante patate hai bisogno di mangiare?" Chiedetegli di estrarre dal sacchetto il numero di patate desiderato. (Cercate di indirizzarlo su 2 patate!)

"Per preparare una porzione per tuo fratello o tua sorella, avrò bisogno del 'doppio' di patate, cioè mi servirà la stessa quantità di patate una seconda volta." Lasciate che il bambino estragga dal sacchetto altre 2 patate.

"Stasera saremo in quattro a tavola. Puoi tirar fuori dal sacchetto 2 patate per ciascuno?" Contate insieme il numero di patate da utilizzare in totale per la ricetta: "Ecco la giusta quantità per tutta la famiglia".

Dopo aver spazzolato le patate, tagliatele a metà: "La metà è quando si taglia qualcosa in due parti uguali". Invitate il bambino a tagliare di nuovo "la metà della metà" per ottenere gli spicchi da utilizzare per la ricetta, ma anche per fare in modo che si eserciti a percepire visivamente ciò che rappresenta la metà di un ingrediente.

Patate croccanti al forno

PREPARAZIONE: 10 MIN
COTTURA: 35 MIN
PER 4 PERSONE

600 g di patate
4 cucchiai di olio d'oliva
2 cucchiai di farina
4 cucchiai di pangrattato
1 cucchiaio di erbe aromatiche essiccate (rosmarino, salvia)
1 cucchiaio di paprica
Sale, pepe

Spazzolare accuratamente le patate e tagliarle a spicchi (4, 6 o 8 a seconda delle dimensioni).

Far bollire una certa quantità d'acqua con 2 cucchiai di olio d'oliva e la farina, poi aggiungere le patate e cuocerle per 5 min.

Nel frattempo, preriscaldare il forno a 180 °C. Mescolare il pangrattato, le erbe aromatiche, la paprica, il rimanente olio d'oliva, sale e pepe.

Scolare le patate e disporle sulla placca del forno rivestita con carta da forno. Cospargerle di pangrattato alle erbe aromatiche e mescolare a mano. Distribuirle bene sulla superficie della placca.

Infornare per circa 30 min rigirandole diverse volte. Quando le patate saranno ben dorate, toglierle dal forno e servire subito!

Le piccole mani possono

Lavare e tagliare le patate, preparare il pangrattato, disporre le patate sulla placca da forno senza sovrapporle.

“Favorire il riconoscimento visivo degli alimenti permette di superare l’avversione del bambino per alcuni tipi di cibo.”

L'INTERVISTA ALL'ESPERTO

Jérémie Lafraire

Ricercatore in scienze cognitive presso il Centro di ricerca Institut Paul Bocuse, ricercatore associato all'Institut Jean Nicod CNRS-EHESS-ENS

L'alimentazione e il momento del pasto hanno conosciuto profondi mutamenti nel corso degli ultimi decenni. Per comprendere meglio questi fenomeni, il Centro di ricerca dell'Institut Paul Bocuse coniuga le conoscenze teoriche dei ricercatori e le competenze tecniche dei professionisti dell'ospitalità alberghiera e della ristorazione in un approccio scientifico unico in Europa, adattato allo studio dei comportamenti alimentari in situazioni reali. Gli studi di Jérémie Lafraire si concentrano sui diversi meccanismi cognitivi che entrano in gioco nel rapporto fra l'uomo e il cibo. Nell'ambito delle sue ricerche, si è interessato in modo particolare a un argomento che tutti i genitori conoscono: l'avversione del bambino per determinati alimenti! Se le conclusioni a cui giunge sono molto interessanti, sono sicura che i suoi consigli (per contrastare gli atteggiamenti di rifiuto del cibo e stimolare la scoperta) sapranno fornirvi utili strumenti per rendere più piacevoli i pasti in famiglia!

Abbiamo spesso l'impressione che nei bambini lo sviluppo del gusto segua un percorso del tutto casuale, a fasi alterne. Alcune volte assaggiano un po' di tutto con piacere. Altre volte rifiutano qualunque cosa, in toto. Dalle neuroscienze ci giungono conferme di questo fenomeno e, se sì, sono in grado di fornircene una spiegazione?

Assolutamente sì. Non si tratta solo di un'impressione! Secondo gli studi più recenti, è possibile distinguere due fasi distinte: prima dei 2 anni e dai 2 ai 6 anni. In quella che corrisponde allo svezzamento (allattamento al seno o artificiale) e fino all'età di 2 anni, sembra che il comportamento alimentare sia guidato da stimoli sociali. È l'atteggiamento del genitore, o più in generale del *care giver*, a determinare il comportamento alimentare del bambino, che di solito accetta di buon grado il cibo che gli viene offerto. In linea generale, il comportamento alimentare prima dei 2 anni è relativamente semplice.

In compenso, tra i 2 e i 6 anni, nei bambini tende a manifestarsi un fenomeno che complica l'alimentazione e quei momenti di condivisione rappresentati dai pasti: da un lato la "neofobia alimentare", cioè la paura di assaggiare nuovi cibi; dall'altro la "selettività alimentare", che si manifesta quando i bambini scartano alcuni alimenti che hanno nel piatto, hanno scarso appetito, mangiano i broccoli il mercoledì e li rifiutano il giovedì, senza apparente motivo.

Questi fenomeni si manifestano in una precisa fase della crescita del bambino. Perché in questo momento e non prima?

A partire dai 2 anni il bambino acquisisce maggiore autonomia e sviluppa un diverso sistema decisionale. In campo alimentare, questo sistema gli permette di avere determinate preferenze ma anche di rifiutare alcuni alimenti che prima accettava, soprattutto la frutta e la verdura.

Si tratta di un fenomeno misterioso che abbiamo scelto di studiare da vicino, non solo perché riguarda la quasi totalità dei bambini, con intensità variabile, ma anche perché l'impatto delle avversioni alimentari può avere conseguenze a lungo termine. Alcuni studi longitudinali (che seguono i soggetti nel corso di molti anni) dimostrano infatti che il rifiuto di determinati cibi, quando si manifesta con una certa rilevanza in questo periodo critico, può condizionare i comportamenti alimentari durante l'adolescenza e in età adulta e determinare le preferenze alimentari.

Per questo motivo una selettività alimentare nella fascia d'età compresa tra i 2 e i 6 anni rischia di trasformarsi in un problema di salute pubblica! La diretta conseguenza di una restrizione nella scelta degli alimenti da parte del bambino, in particolare frutta e verdura, è la riduzione degli apporti che permettono di soddisfare i nostri bisogni nutrizionali (non dimentichiamo che siamo onnivori!), fino a ostacolare, in alcuni casi, un corretto sviluppo fisico e cognitivo.

Se a questo rischio si aggiunge la nostra innata propensione per gli zuccheri e i grassi e si collocano i bambini in un contesto alimentare molto diverso rispetto a quello dei nostri antenati, con quantità incredibili di dolciumi allineate sugli scaffali dei supermercati, è facile che si instaurino comportamenti che rischiano di favorire un'epidemia di obesità. È quindi nel nostro interesse cercare di capire le cause che stanno alla base di questo fenomeno.

È rassicurante sapere che il rifiuto di nuovi alimenti riguarda quasi tutte le famiglie e che è ormai diventato oggetto di studio da parte delle neuroscienze! Spesso ci vergogniamo di avere un figlio "difficile", anche se questo aggettivo improprio tende ad associare le avversioni alimentari dei bambini a un comportamento fastidioso piuttosto che a una fase del loro sviluppo cerebrale.

La neofobia alimentare è stata inizialmente descritta come un tratto della personalità. Era pertanto considerata un problema individuale, che poteva essere corretto: solo mio figlio è "difficile" a tavola, gli altri mangiano "bene". Ma, grazie ai progressi della ricerca, si è giunti alla conclusione che si tratta in realtà di una fase dello sviluppo del bambino. TUTTI i bambini attraversano questa fase. Abbiamo anche messo a punto una "scala psicometrica" in grado di misurare l'intensità del rifiuto nei confronti di alcuni cibi da parte del bambino. E abbiamo notato che se i bambini non sono mai né estremamente neofili, cioè che amano scoprire nuovi cibi, né estremamente neofobi, cioè che rifiutano tutto ciò che non è identificato come "conosciuto", è altrettanto vero che tutti, in misura diversa, sono interessati da questo fenomeno. Fenomeno che viene attualmente studiato a livello mondiale per appurare se esistono differenze tra i diversi paesi.

Quali sarebbero le cause che spingono i bambini a rifiutare ciò che prima accettavano?

Per molto tempo è stato un mistero. Le nostre ricerche ci hanno condotto a studiare lo sviluppo di una particolare funzione cognitiva chiamata "classificazione alimentare". In quanto adulti, questa competenza ci sembra naturale e ci permette di distinguere ciò che si mangia da ciò che non si mangia o di identificare un alimento, indipendentemente dalla sua presentazione.

Per esempio, se le offro una carota appena raccolta o le servo delle carote tagliate a rondelle o un purè di carote, accetterà di mangiarle. Le sue conoscenze alimentari e le sue competenze lessicali sono sufficientemente sviluppate da convincerla che si tratta effettivamente di una carota, di un alimento commestibile, e quindi sarà disposta a mangiarla. Ma immagini di non possedere queste conoscenze, che questi concetti non siano ancora presenti nella sua mente o che siano in via di formazione. Un minimo cambiamento nella presentazione sarà sufficiente a impedire il riconoscimento dell'alimento, e dunque la sua accettazione. A 2 anni, la carota è solo un ortaggio di forma allungata e di colore arancione, e se viene presentato nel piatto in qualunque altra forma non potrà essere riconosciuto, e probabilmente neppure mangiato.

È per questo che alcuni bambini possono, per esempio, mangiare le carote a casa e rifiutarle alla mensa scolastica, o viceversa?

Certamente. In quanto genitori, sapete che si tratta della stessa cosa. Ma i bambini non possono saperlo, perché il loro sistema di riconoscimento è ancora immaturo!

Intendiamoci: la neofobia non è la paura di un cibo sconosciuto nel senso in cui, per esempio, il durian è un frutto nuovo per molti di noi, dato che non appartiene alla nostra cultura. In questo caso, non è un problema se non abbiamo voglia di mangiarlo! La neofobia alimentare è la capacità molto limitata dei bambini di tollerare diverse modalità di presentazione di un alimento, per quanto già incluso nella loro dieta. Per essere in grado di identificare un alimento, indipendentemente dalla sua presentazione, è necessario avere un sistema concettuale maturo. E non è certo il caso di bambini di 2, 3, 4, 5 o 6 anni.

Esiste una precisa correlazione fra l'intensità dell'atteggiamento di rifiuto e la scarsa maturità del sistema di classificazione alimentare. In pratica, meno sviluppato è il sistema concettuale relativo all'alimentazione, più si tende a rifiutare la frutta e la verdura. Siamo stati fra i primi a dimostrare, in pubblicazioni scientifiche, l'esistenza di questa relazione fra maturità concettuale e intensità della reazione di rifiuto.

Alcuni sostengono che la neofobia riguardi principalmente gli alimenti di colore verde. È fondata questa affermazione?

Nell'ambito del nostro programma di ricerca, abbiamo rilevato che il colore non rappresenta in sé un problema. Il problema è dato piuttosto dalla tipicità di un colore per una determinata categoria di alimenti. In sostanza, il verde è per le zucchine ma non per i pomodori. Se si ha un'"idea" un po' approssimativa di zucchina, si pensa a qualcosa di verde e di forma allungata. Di conseguenza, tutto ciò che si discosta da questo "prototipo" non viene riconosciuto come zucchina. E se proponete a un bambino un pomodoro verde, per esempio un "Green Zebra", ne impedirete l'accettazione, dato che non corrisponderà all'immagine prototipica di un pomodoro, generalmente rosso e di forma rotonda.

Queste mie affermazioni possono essere relativizzate da un altro fenomeno: per i primati (tra cui gli esseri umani) alcuni colori fungono da indicatori della densità energetica di un alimento. È quindi perfettamente comprensibile che un bambino in piena crescita tenda a privilegiare un alimento di colore rosso, percepito come energeticamente più denso, rispetto a uno verde, che non contribuisce allo stesso modo al suo sviluppo fisico e cognitivo.

Si tratta di un riflesso arcaico, proprio come la nostra innata propensione per gli zuccheri o i grassi, verosimilmente ereditata dall'epoca in cui gli uomini erano cacciatori-raccoglitori: la scelta istintiva dei cibi più energetici era di vitale importanza quando si girovagava per giorni e giorni nei boschi prima di trovare un misero rifugio. Ma nell'attuale contesto alimentare, sottoposto alle continue sollecitazioni dell'industria agroalimentare e in cui la sedentarietà regna sovrana, le nostre innate predisposizioni sono tutt'altro che adeguate...

Esiste un enorme divario fra l'attuale contesto alimentare e quello che ha strutturato i nostri meccanismi di percezione e di pensiero riguardo agli alimenti! I cambiamenti alimentari si verificano in modo assai più rapido rispetto a quelli che coinvolgono i meccanismi cognitivi, è normale... ma non sempre facile da gestire! Ed è proprio su questo scarto che si concentrano gli studi degli psicologi evoluzionisti, dato che lo si può considerare in parte responsabile dell'attuale epidemia di obesità.

Può fornirci qualche consiglio per superare le avversioni alimentari e aiutare i nostri figli ad affrontare un percorso di scoperta dei cibi?

I suggerimenti potrebbero essere numerosi. Primo intervento: l'esposizione visiva. Da circa tre anni stiamo seguendo le ricerche di Camille Rioux che sostiene una tesi su questo argomento. In particolare, ha messo a punto un metodo di intervento che consiste nell'esporre i bambini a una determinata categoria di alimenti, per esempio il pomodoro, variandone i colori e le forme per cercare di aumentare il grado di familiarità con questi alimenti. Sono stati sperimentati diversi modelli di esposizione visiva, ma sempre senza esercitare alcuna pressione sul bambino per invogliarlo a mangiare gli alimenti in questione. Questo tipo di approccio incoraggia automaticamente l'accettazione, generando la familiarità e facilitando il riconoscimento.

È possibile adottare la stessa strategia anche a casa? Per gli esercizi ispirati al metodo Montessori, abbiamo proposto abbinamenti tra carte e alimenti, classificazioni in base ai tipi di frutta o verdura, attività linguistiche in cui si esamina un dato alimento in tutti i suoi aspetti. Ritiene che si tratti di un metodo valido?

Assolutamente sì! Non va dimenticato che ciò che impedisce l'accettazione è anche ciò che blocca il meccanismo di riconoscimento. Per facilitare il riconoscimento, occorre dunque arricchire le rappresentazioni degli alimenti nella mente dei bambini. Giocare con le rappresentazioni visive degli alimenti è qualcosa di veramente efficace. Ma esistono molti altri modi per consolidare i loro concetti mentali in materia di alimentazione: per esempio, è possibile esporre i bambini a tutte le fasi del processo di trasformazione degli alimenti, dalla coltivazione alla tavola. Andare al mercato, partecipare alla preparazione dei pasti, tagliare gli alimenti, sentirli, sbucciarli, giocare con le consistenze, capire che queste cambiano in funzione del grado di trasformazione... tutto ciò contribuirà ad arricchire nei bambini la rappresentazione del mondo alimentare, rappresentazione che permette di avere un comportamento molto più libero nei confronti del cibo. Del resto, alcuni studi pubblicati dimostrano che invitare i bambini a mettersi ai fornelli è un modo molto efficace per ridurre il rischio di avversione al cibo.

Spesso, quando si pensa ai bambini in cucina, li si associa alla preparazione di torte e biscotti, che peraltro mangiano sempre molto volentieri. Ma per facilitare il momento del pasto, può essere utile invitarli a partecipare alla realizzazione dei piatti, prendendo l'abitudine di cucinare insieme le verdure! Potrebbe consigliare ai genitori anche una terza strategia?

Bisogna sempre ricordare che i bambini imitano quello che vedono. Sono comportamenti che abbiamo avuto modo di osservare in molte occasioni nel corso dei nostri esperimenti! Mettete una piccola scimmia davanti a un piatto pieno di cibo e di fianco una scimmia adulta sempre con un piatto pieno di cibo. Se l'adulto mangia, ci sono buone probabilità che mangi anche il piccolo. Si imitano i modelli. La cosa però si complica negli esseri umani: il bambino infatti non imita l'azione compiuta dall'adulto, cioè mangiare, ma guarda se il contenuto dei due piatti è identico! Genitori, se volete che i vostri figli mangino i broccoli, cucinateli, metteteli nel vostro piatto e in quello del bambino insieme con altri cibi (ma senza che vengano a contatto tra loro, per evitare che si "contaminino" a vicenda!). Mangiate i broccoli con loro, non c'è niente di meglio per favorire i meccanismi di accettazione. Dopo un numero di esposizioni variabile da dodici a quindici, senza esercitare pressioni o coercizioni, né adottare alcuna strategia di punizione o premio, è probabile che il bambino cominci a mangiare la verdura.

Del resto, si può solo consigliare ai genitori di sedersi a tavola insieme ai figli: non farlo significa privarsi di un efficace strumento quale la facilitazione sociale. Dare l'esempio ha un'importanza strategica per evitare gli atteggiamenti di rifiuto nei confronti del cibo. Sono comportamenti che le neuroscienze conoscono da sempre e che si manifestano fin dalla nascita: un neonato nutrito con il biberon assume una significativa quantità di latte in più se, quando si trova fra le braccia della madre, questa lo guarda con affetto invece di essere concentrata su un programma televisivo!

Queste strategie richiedono pazienza, tempo e costanza. Quando ci si trova di fronte a comportamenti di rifiuto può venire l'idea di prendere una "scorciatoia" del tipo punizione/premio... È una cattiva idea?

Tutti gli studi concordano su una cosa: ricorrere a metodi punitivi a tavola instaura un clima di tensione che finisce per rafforzare il rifiuto. Per quanto riguarda i premi, se si decide di utilizzarli, bisogna limitarsi a un premio simbolico (niente cibo!). Se dite a vostro figlio: "Se mangi i broccoli ti darò il cioccolato!", questo non fa nient'altro che aumentare la sua avversione per i broccoli, percepiti come un mezzo sgradevole per ottenere qualcosa di piacevole! Al limite, se preferite ricorrere ai premi, sceglietene uno che non sia legato all'alimentazione: per esempio un'immagine, la possibilità di fare una determinata cosa ecc.

Al di là degli atteggiamenti di rifiuto nei confronti del cibo, è possibile educare il bambino al gusto?

È un'idea molto diffusa, con programmi ed esperienze diversi, tutti incentrati sulle percezioni sensoriali. Ma da un punto di vista scientifico, non è sempre possibile educare le nostre modalità percettive. In compenso, si può intervenire sulle soglie sensoriali. Per esempio, se si è golosi di dolci, ci si può abituare per condizionamento a consumarne in quantità ridotte. Dopo un po' di tempo, ci si accorge di non essere più attratti come prima dai cibi dolci. Ma, al di là delle modalità sensoriali, ci sono altre funzioni che entrano in gioco nelle preferenze alimentari, in particolare alcune funzioni cognitive.

Si potrebbe intervenire in modo più efficace se a questi programmi di educazione al gusto se ne aggiungessero altri diretti ad arricchire il sistema di rappresentazione degli alimenti. È inoltre importante uscire dal rapporto puramente edonistico e antitetico del "mi piace/non mi piace" che i bambini hanno nei confronti del cibo. Nei corsi di educazione al gusto di Jacques Puisais[1], più si fa ricorso ai descrittori sensoriali, più aumenta la capacità di andare oltre una netta contrapposizione di giudizi. Del resto è qualcosa che possiamo conservare anche in età adulta.

Nel metodo Montessori, i bambini svolgono attività sui cicli vitali, dal seme alla pianta o dal fiore al frutto... Lo scopo di questi esercizi è quello di ampliare il vocabolario, di esercitare la memoria e le capacità logiche, di studiare la botanica. Ma dopo quello che ci ha detto, credo sia anche un modo per rendere il cibo più appetibile prima di proporlo in tavola...

Fantastico! Sono davvero convinto che gli approcci del tipo Montessori seguano la giusta direzione. Il mio consiglio è di raccontare ai bambini tutta la storia: perché bisogna mangiare frutta e verdura, che cosa contengono questi alimenti, quali effetti hanno sul nostro corpo, ovviamente adattando il discorso perché sia comprensibile a bambini fra i 2 e i 6 anni! Una grande psicologa statunitense, Ellen Markman, direttrice di un laboratorio di psicologia a Stanford, ha confrontato due tipi di intervento su adulti: uno durante il quale si limitava a comunicare una piramide alimentare destinata a orientare le scelte del soggetto nel corso della giornata; l'altro in cui teneva una mini lezione sulle proprietà di frutta e verdura e spiegava perché bisogna seguire una dieta varia.

I risultati di questo studio dimostrano che, fornendo un quadro concettuale di riferimento e permettendo al soggetto di sviluppare un ragionamento e capire i legami tra il corpo e l'alimentazione, si instaurerà spontaneamente e in modo duraturo un comportamento virtuoso.

Inoltre questa strategia permette di controbilanciare il potente influsso che i supereroi esercitano sui bambini, che si tratti di principi che lottano contro i draghi a colpi di biscotti alle quattro del pomeriggio o dei campioni di tennis che magnificano il gusto inimitabile delle barrette al cioccolato... Di fronte a tutto ciò, le nostre raccomandazioni suonano vuote e inefficaci.

È arrivato il momento di fondare gli interventi di salute pubblica sulla conoscenza scientifica dei meccanismi di apprendimento e di sperimentare nuovi metodi basati sulla prova. In ultima analisi non è così complicato perché ci sono molte cose interessanti da fare con i bambini: quando sono invitati a esprimere le loro sensazioni, a sviluppare i ragionamenti, a manipolare gli alimenti... tutto questo fissa le loro impressioni nella memoria. Incoraggiandoli a scoprire nuovi sapori, a capire che cosa fa bene al loro corpo e forse anche a lasciarsi andare alla naturale propensione per i grassi e gli zuccheri... ma con moderazione! Perché, dopotutto, siamo bambini una volta sola nella vita!

Nota

1 Nel 1974 il professor Jacques Puisais, dottore in biologia, propose per la prima volta un metodo di educazione sensoriale, alla luce dei progressi scientifici nel campo del gusto e della pedagogia così come dell'evoluzione del contesto alimentare. Le lezioni, che si svolgono nelle scuole primarie in Francia, si articolano in dieci moduli. Dalla prima lezione dedicata ai cinque sensi sino alla festicciola che conclude il ciclo, il bambino avrà avuto la possibilità di sperimentare i sapori, sentire, assaggiare, toccare alimenti più o meno familiari e scoprire le specialità della sua regione. Dopo aver seguito il corso di educazione al gusto, il 60% dei bambini accetta di sperimentare nuovi cibi, contro il 35% dei bambini che non hanno seguito lezioni.

4

Stimolare le percezioni sensoriali

La cucina è chiaramente IL luogo di sperimentazione multisensoriale per eccellenza! Ma, grazie agli esercizi illustrati in questa sezione, potrete proporre a vostro figlio un vero e proprio programma di "allenamento" in cui avrà la possibilità di concentrarsi su un unico senso per volta... Ed è una grande occasione di divertimento in un'età in cui l'affinamento della capacità sensoriale può raggiungere i massimi livelli! Secondo Maria Montessori, infatti, fino ai 6 anni i bambini attraversano un periodo sensibile durante il quale imparano facilmente a distinguere le minime sfumature di colore o suoni particolari, a individuare al tatto oggetti e materiali, a riconoscere gli alimenti a occhi chiusi, semplicemente assaggiandoli o sentendone l'odore. Questi esercizi avranno effetti pratici in cucina: rimarrete sorpresi vedendo che il bambino sarà in grado di percepire un'intera gamma di aromi a occhi chiusi, o di riconoscere il livello di cottura di una torta o il grado di maturazione di un frutto semplicemente osservandone il colore!

LABORATORIO SENSORIALE CON IL RISO COLORATO

Da 1 anno e 1/2

Volete sapere il nome di un "gioco" molto economico che sostituirà tutti gli oggetti colorati e sonori che popolano scatole e scaffali di casa e che terrà occupato per ore vostro figlio? Due pacchetti di riso, coloranti alimentari, e il gioco è fatto!

Per iniziare, preparate 6 sacchetti da freezer in cui mettere 200 g di riso.

In 6 piccoli bicchieri mescolate 3 cl di aceto bianco e 20 gocce di colorante alimentare: o 20 gocce di un colore primario (rosso, giallo o blu) oppure 10 gocce + 10 gocce di due colori diversi per ottenere i colori secondari (per esempio verde o arancione).

Versate le diverse miscele aceto-colorante nei sacchetti e impastate per fare in modo che il colore impregni bene il riso. Aprite i sacchetti e ripiegatene i bordi per facilitare l'asciugatura: calcolate una mezza giornata, mescolando di tanto in tanto.

Poi versate il riso in un contenitore trasparente con i bordi alti. Aggiungete cucchiai, bottiglie, imbuti, vasetti, rastrello ecc., e permettete al bambino di manipolare, travasare, versare, miscelare, selezionare per ore e ore!

Risotto alla zucca butternut e mascarpone

PREPARAZIONE: 10 MIN
COTTURA: 20 MIN
PER 4 PERSONE

200 g di zucca butternut
2 scalogni
2 cucchiai di olio d'oliva
250 g di riso Carnaroli (per risotti)
15 cl di vino bianco secco
80 cl circa di brodo vegetale
80 g di mascarpone
50 g di parmigiano grattugiato
Sale, pepe

Pulire la zucca ed eliminare i semi, poi tagliarla a cubetti. Sbucciare gli scalogni e tritarli finemente.

In una pentola in coccio scaldare l'olio d'oliva e far rosolare gli scalogni e i cubetti di zucca per alcuni minuti. Toglierne due terzi e metterli in una casseruola.

Versare il riso nella pentola e mescolare fino a renderlo trasparente. Sfumare con il vino bianco, poi lasciar cuocere finché l'alcol non sarà evaporato. Aggiungere a più riprese il brodo vegetale per permettere al riso di addensarsi, continuando a mescolare per circa 15-20 min.

Nel frattempo aggiungere un mestolo di brodo e la metà del mascarpone nella casseruola con i cubetti di zucca messi da parte. Salare e pepare. Proseguire la cottura per una decina di minuti, poi ridurre in purea con un frullatore a immersione.

Quando il risotto sarà cotto, incorporare la purea di zucca, il parmigiano grattugiato e il resto del mascarpone. Assaggiare e, se necessario, regolare di sale e pepe.

Le piccole mani possono

Tagliare la zucca a cubetti (con un tagliaverdure, perché si tratta di un ortaggio molto resistente).

Variante Il risotto si presta a numerose preparazioni, a seconda dei gusti e della disponibilità di verdure di stagione: funghi, carciofi, piselli, asparagi ecc.

Benefici per la salute Veloce e semplice da cucinare, apprezzato da grandi e piccini, il risotto è un piatto nutriente e molto digeribile (senza esagerare con il formaggio!) che si abbina perfettamente a ogni tipo di verdura.

GIOCARE CON LE CONSISTENZE

Dai 2 anni e 1/2

PAG. 214

Il senso del tatto è molto sviluppato nei bambini. Fate scoprire a vostro figlio diverse varietà di frutta e verdura semplicemente toccandole, prima di assaggiarle: la buccia vellutata dell'albicocca non è uguale a quella della pesca, la zucchina punge un po', l'avocado ha una superficie granulosa, la mela è così liscia... Il gioco della frutta e verdura misteriosa si presta perfettamente a questo esercizio di esplorazione sensoriale.

Ritagliate 2 dischi di 10 cm di diametro nel coperchio di una scatola da scarpe. Mettete nella scatola 3 o 4 frutti o ortaggi di piccole dimensioni. Poi proponete al bambino di inserire le mani all'interno per cercare di indovinare ciò che vi si nasconde, semplicemente toccando le forme, sfiorando la buccia o la scorza, tastando la consistenza. Per indirizzarlo, mettetegli di fronte le corrispondenti carte dei nomi della frutta e della verdura, come quelle presentate alla fine del libro.

Attività molto originale, il gioco dello slime permette di prolungare questa esperienza sensoriale! Calcolate 4 parti di maizena per 1 parte di acqua (addizionata con colorante alimentare naturale, perché no?) e mescolate fino a ottenere un composto dalle strane proprietà. Se cercate di afferrarlo, scivolerà tra le mani. Se vi inserite lentamente un dito, affonderà nella pasta. Ma se la picchiettate con una mano, si solidificherà! Lasciate che il bambino la manipoli, la tocchi e... si stupisca!

Yogurt al cocco

PREPARAZIONE: 15 MIN
FERMENTAZIONE: 24 H
COTTURA: 10 MIN

1 vasetto di crema di cocco
1 cucchiaino di agar-agar
1 cucchiaio di zucchero o di sciroppo di cocco o acero
1 capsula di probiotici

Versare la crema di cocco in una casseruola e mescolare con la frusta fino a ottenere una consistenza perfettamente liscia. Aggiungere l'agar-agar e riscaldare a fuoco dolce fino a far tremolare la crema. Abbassare la fiamma e continuare a mescolare per 5 min per sciogliere bene l'agar-agar.

Lasciare raffreddare, poi aggiungere il contenuto della capsula di probiotici e mescolare bene. Incorporare lo zucchero e rimestare di nuovo.

Versare in vasetti singoli o in un barattolo più grande (scegliere contenitori con il coperchio), chiudere ermeticamente e lasciare fermentare per 24 h in un luogo caldo (38-40 °C).

Trascorso questo tempo, mettere i vasetti in frigorifero per almeno 6 h, per farne solidificare il contenuto.

Potete degustare lo yogurt al naturale o cospargerlo di cubetti di frutta, gocce di cioccolato o semi vari! Si conserva per una settimana circa in frigorifero.

Le piccole mani possono

Versare, mescolare (anche mentre si riscalda il preparato, dato che la fiamma è bassa), riempire e chiudere i vasetti.

Benefici per la salute Gli yogurt aromatizzati di produzione industriale contengono spesso troppo zucchero! Date piuttosto la preferenza a questa alternativa al latte di cocco che potrete personalizzare a piacere! Inoltre l'agar-agar contenuto in questo yogurt è ricco di calcio, ferro e fosforo, e in più favorisce la digestione!

REALIZZARE LE SCATOLINE SONORE MONTESSORI

Dai 3 anni

In piena fase di affinamento sensoriale, le boccette sonore rappresentano un'attività divertente e molto utile per esercitare l'udito dei bambini.

Procuratevi 8 contenitori cilindrici muniti di coperchio. Formate due serie distinte inserendovi delle strisce di carta di diverso colore (vedi foto), che renderanno anche opachi i contenitori. Riempite le boccette a due a due con ingredienti diversi ma in quantità identica: ceci secchi, semolino, semi di sesamo e, negli ultimi due, una nocciola (con il guscio). Poi applicate un piccolo adesivo colorato sotto ciascuna coppia in modo da permettere l'autocorrezione da parte del bambino, prima di disporre tutti i contenitori in una scatola da scarpe.

Estraete le boccette blu a una a una, scuotetele per tre volte vicino all'orecchio del bambino e allineatele di fronte a lui.

Prendete una boccetta gialla e agitatela per tre volte all'orecchio. Prendete la prima boccetta blu e fate ascoltare al bambino il suono che produce.

Chiedetegli: "È lo stesso suono?". Se la risposta è affermativa, avvicinate i due contenitori per formare una coppia. Se la risposta è negativa, prendete un altro contenitore giallo, scuotetelo e formulate di nuovo la domanda.

Quando avrete formato tutte le coppie, invitate il bambino a verificare scuotendo rapidamente una dopo l'altra le boccette di ciascuna coppia. Potrà poi sistemare i contenitori nella scatola prima di riporla sullo scaffale dedicato alle sue attività.

Carote al forno con ceci e semolino

PREPARAZIONE: 10 MIN
COTTURA: 20 MIN
PER 4 PERSONE

PER LE CAROTE
8 piccole carote
1 cucchiaio di zaatar (miscuglio di spezie libanese)
Olio d'oliva
Sale

PER I CECI
1 scatola di ceci
2 cucchiaini di cumino

PER IL SEMOLINO
400 g di semolino integrale
1 cucchiaino di aglio in polvere
1 cucchiaino di paprica
1 cucchiaino di curcuma

PER SERVIRE
Yogurt greco
Qualche fogliolina di coriandolo
Semi di sesamo e di zucca

Preriscaldare il forno a 200 °C.

Eliminare le foglie delle carote lasciando solo un po' di verde. Sbucciarle e disporle sulla placca di cottura rivestita di carta da forno e irrorarle con l'olio d'oliva, poi condire con lo zaatar e 1 pizzico di sale. Rigirare le carote con le mani per ricoprirle bene con le spezie, poi riunirle su uno dei lati della placca.

In una ciotola mescolare i ceci sciacquati e scolati con 2 cucchiai di olio d'oliva, 1 cucchiaino di cumino e 1 pizzico di sale. Disporli sull'altro lato della placca da forno.

Infornare per 20 min (finché le carote non saranno tenere). A metà cottura mescolare le carote e i ceci in modo che risultino ben dorati da ogni lato.

Versare il semolino in una ciotola resistente al calore. Aggiungere 2 cucchiai di olio d'oliva, la paprica, la curcuma, l'aglio e poco sale. Mescolare bene. Versare l'acqua bollente, coprire e far addensare per 10 min.

Servire 1 mestolo di semolino in ogni piatto, aggiungere 2 carote intere, 1 cucchiaio di yogurt greco, alcuni ceci, coriandolo fresco e i semi di sesamo e di zucca. Degustare caldo o tiepido.

Le piccole mani possono

Preparare le carote, dosare le spezie, mescolare le carote e i ceci.

Benefici per la salute Gli alimenti come carote, ceci, sesamo, cereali integrali e latticini favoriscono il sonno perché contengono triptofano, un amminoacido che favorisce la produzione di serotonina.

Attività di scoperta Questa ricetta è ideale per parlare con i bambini delle diverse consistenze dei cibi (croccante, morbida, cremosa ecc.) e ampliare il vocabolario relativo al gusto.

REALIZZARE LE BOCCETTE DEGLI ODORI MONTESSORI

Dai 3 anni

PAG. 235

Il cassetto o lo scaffale delle spezie sono un vero tesoro per i bambini. Mostrate a vostro figlio come aprire le boccette e lasciategli annusare le diverse spezie pronunciandone lentamente il nome.

Per aiutarvi a organizzare questo laboratorio, troverete alla fine del libro alcune carte tematiche dedicate a elementi caratterizzati da odori molto intensi e ben distinguibili.

Procuratevi alcuni barattoli portaspezie vuoti e puliti (o vasetti per omogeneizzati sul cui coperchio avrete praticato dei fori) e inseritevi all'interno una striscia di carta colorata. In ciascuno mettete alcuni chicchi di caffè, fiori di lavanda essiccati, pezzetti di cioccolato, scorze di limone ecc., ispirandovi agli elementi raffigurati sulle carte delle nomenclature. Chiedete al bambino di indovinare il contenuto di ogni boccetta e di associarlo alla carta corrispondente (che potete ritagliare alla fine del libro!). Per consentire l'autocorrezione, applicate degli adesivi dello stesso colore sotto ciascuna coppia (carta e boccetta).

Cercate di attirare regolarmente l'attenzione del bambino sugli odori che riuscite a percepire intorno a voi: il profumo della biancheria pulita, le caldarroste per la strada, il caffè appena fatto, l'aroma delle pietanze proveniente dalla casa dei vicini...

Maiale sfilacciato con purè di patate

PREPARAZIONE: 20 MIN
COTTURA: DA 6 A 8 H
MARINATURA: 1 NOTTE
PER 6-8 PERSONE

PER LA CARNE
2 kg di spalla di maiale con l'osso (o carrè)
1 cucchiaino di cumino in polvere
1 cucchiaino di paprica
1 cucchiaino di peperoncino in polvere
2 cucchiaini di sale marino
200 g di pancetta affumicata a fette sottili
4 spicchi d'aglio tagliati a metà
2 foglie di alloro

PER IL PURÈ
1 kg di patate
Burro a temperatura ambiente
Latte
1 pizzico di bicarbonato di sodio
1 presa di sale

Il venerdì sera, mescolare le spezie e il sale. Strofinare la carne con il miscuglio ottenuto e mettere in frigorifero fino al giorno dopo.

Il sabato mattina, foderare il fondo di una pentola in coccio con la pancetta affumicata e disporvi la carne con l'aglio e le foglie di alloro. Coprire e infornare. Regolare la temperatura sui 120 °C e lasciar cuocere la carne per 6-8 ore, bagnandola spesso con il liquido di cottura finché non risulterà tenera e colorita. Togliere le foglie di alloro e sfilacciare la carne con due forchette. Gettare l'osso.

La domenica mattina, riscaldare la carne sotto il grill del forno e nel frattempo preparare il purè. Pelare le patate, tagliarle a pezzetti e sciacquarle bene per eliminare l'amido (così il purè non risulterà "colloso"). Cuocere per 15-20 min in una casseruola con acqua bollente addizionata con 2 o 3 bicchieri di latte, 1 pizzico di bicarbonato di sodio e 1 presa di sale. Per verificare il grado di cottura, infilare la punta di un coltello in una patata, che dovrà risultare ben tenera. Togliere dal fuoco e scolare le patate conservando un po' del liquido di cottura, poi passarle in uno schiacciapatate. Per ottenere una consistenza cremosa, incorporare con un cucchiaio di legno il burro e il liquido di cottura messo da parte. Servire subito con la carne.

Le piccole mani possono

Dosare le spezie, preparare le patate, utilizzare lo schiacciapatate.

Accorgimenti La quantità di carne indicata può sembrare eccessiva per 4 persone, ma potrete riscaldarla al forno o utilizzarla per una serata tacos (vedi p. 197).

Per rendere ancora più soffice la consistenza del purè, aggiungere all'ultima fase della preparazione 1 o 2 albumi d'uovo montati a neve!

CLASSIFICARE LE GRADAZIONI DI COLORE

Dai 4 anni

PAG. 239

In pieno periodo di affinamento dei sensi (fino ai 6 anni), può essere interessante proporre ai bambini di rendere più precisa la loro percezione visiva. Nelle scuole Montessori, molti esercizi utilizzano tavolette colorate che possono prevedere fino a sette gradazioni diverse! L'attività che consiste nell'ordinarle dalla più chiara alla più scura permette di sviluppare la qualità della percezione e allo stesso tempo un certo gusto dell'armonia visiva.

Utilizzando le tavolette colorate che trovate alla fine del libro (e che avrete ritagliato), disponete in ordine sparso, le 7 gradazioni di uno stesso colore. Poi attirate l'attenzione del bambino sulla tonalità più scura e dite: "Scuro". Posate davanti a voi la tavoletta corrispondente, poi fate la stessa cosa con quella più chiara. Chiedete al bambino di ripetere i due termini mostrando le relative tavolette.

Continuate l'esercizio precisando: "Ti faccio vedere come ordinare le tavolette, dalla più scura alla più chiara". Riprendete la tavoletta più scura e collocatela alla vostra sinistra. Poi, fra le rimanenti, scegliete la più scura e sistematela a destra della precedente. Proseguite così fino a esaurimento delle tavolette.

Al termine dell'esercizio constatate: "Le tavolette sono ordinate dalla più scura alla più chiara". Poi invitate il bambino a ripeterlo da solo.

Se il bambino incontra difficoltà, eseguite l'esercizio con solo tre tavolette, le due gradazioni estreme e una intermedia. Quando riuscirà a disporre tutte le varie tonalità, invitatelo a formare una corolla con le tavolette, come nella foto a fianco.

In cucina potete svolgere questa attività con alcuni tipi di frutta e verdura. Per esempio, le numerose varietà di mela (Golden Delicious, Gala, Bella di Boskoop, Granny Smith, Melrose, Regina delle Renette, Renetta del Canada ecc.) presentano colori diversi che può essere interessante classificare! Molti frutti e ortaggi autunnali si prestano a questo gioco: e alla fine possono essere tutti confrontati e gustati!

Composta di mele con varianti autunnali

PREPARAZIONE: 15 MIN
COTTURA: 15 MIN
PER CIRCA 650 G

1 kg di mele
2 cucchiai di zucchero
1 cucchiaio di vaniglia (in polvere o aroma liquido)
1 cucchiaio di succo di limone
2 cucchiai di acqua

Sbucciare le mele, tagliarle in quattro parti ed eliminare il torsolo. Tagliare ciascuna parte a pezzetti (per accelerare la cottura e preservare il più possibile le vitamine) e metterli in una casseruola.

Aggiungere lo zucchero, la vaniglia, il succo di limone e l'acqua. Coprire e cuocere a fuoco medio finché le mele non diventeranno tenere (10 min dovrebbero bastare).

Frullare fino a ottenere la consistenza desiderata (più o meno omogenea) e versare in una ciotola o in coppette singole, oppure negli eco-dispenser riutilizzabili che si possono anche congelare.

PER LE VARIANTI

Mele-mele cotogne: 2/3 di mele, 1/3 di mele cotogne (da precuocere al vapore per 15 min prima di terminare la cottura con le mele).

Mele-castagne: 600 g di mele e 400 g di castagne cotte e pelate (o un vasetto di crema di castagne).

Mele-pere: 2/3 di mele, 1/3 di pera (preferibilmente Willliams)

Le piccole mani possono

Sbucciare le mele con uno sbucciamele, trasferire i pezzetti di mela nella casseruola, dosare gli ingredienti.

Benefici per la salute La mela è un frutto dalle molteplici virtù: ci fornisce una sana energia grazie al suo contenuto di acqua, zucchero e vitamina C; le sue fibre favoriscono il transito intestinale e rafforzano le difese immunitarie; la sua polpa croccante aiuta a mantenere denti e gengive in buona salute... Insomma, è l'ideale per uno snack o una sana merenda bio!

SCOPRIRE I SAPORI: DOLCE, SALATO, ACIDO, AMARO

Dai 4 anni

PAG. 225

Per aiutare vostro figlio a diventare un fine buongustaio, è importante fargli conoscere i diversi sapori che potrebbe sperimentare e le sensazioni fisiche che procurano. Il dolce si avverte soprattutto sulla punta della lingua; il salato ai lati della punta; l'acido/piccante ai lati in fondo alla bocca; l'amaro alla radice della lingua.

Ritagliate le etichette dei sapori alla fine del libro. Nominatele mentre le collocate di fronte al bambino, facendogli notare l'immagine corrispondente: "Ci sono alimenti che hanno un sapore dolce, come i lecca lecca". Poi proponetegli di fare un gioco di classificazione mettendo in alcune ciotoline parti di alimenti, per esempio:

- per il dolce: banana, pera, dattero, pasta, pane, purè di carote o patate;
- per il salato: sedano, prezzemolo, porro;
- per l'acido: agrumi, ananas, frutto della passione, kiwi, melagrana, cetriolo, mela verde;
- per l'amaro: rucola, indivia, cavolo, broccolo, rapa, asparago, caffè, cioccolato con oltre il 70% di cacao.

Lasciate che il bambino assaggi e descriva ciò che sente in bocca e sulla lingua, dopo di che potrà classificare gli alimenti collocando le ciotoline sulle etichette corrispondenti!

Attenzione, non esistono risposte corrette o sbagliate: gli alimenti hanno spesso un sapore primario (dominante) e uno secondario. È una conoscenza che si acquisisce con il tempo! E a seconda del loro grado di maturazione o del luogo di provenienza, alcuni avranno sapori più o meno marcati.

Verdure lattofermentate

PREPARAZIONE: 20 MIN
RIPOSO: 1 SETTIMANA

Acqua di sorgente
Barattoli di vetro a chiusura ermetica (alcuni piccoli o uno grande, purché stia in frigorifero!)
Verdure: barbabietola, zucchina, ravanello, rapa, cavolfiore, cetriolo, broccoli (o altro a scelta!)
Spezie: semi di coriandolo, di senape, grani di pepe, peperoncino secco ecc.
Aromi: aglio, alloro, aneto ecc.
Sale marino

Scegliere le verdure e pulirle accuratamente. A seconda delle dimensioni, tagliarle a pezzetti, bastoncini o lasciarle intere.

Nel o nei barattoli appena usciti dalla lavastoviglie (quindi "sterilizzati") disporre le verdure a strati alterni (o scegliere un vasetto per ogni categoria di verdura) fino a 3 cm dal bordo (attenzione: ricordare che la barbabietola tingerà di rosa il contenuto!). Aggiungere spezie e aromi.

Per la salamoia, occorre calcolare 20 g di sale per ogni litro d'acqua. Riscaldare l'acqua in una casseruola e aggiungere il sale. Farlo sciogliere con cura. Lasciare raffreddare prima di versare nei barattoli. Immergere completamente le verdure nella salamoia.

Chiudere ermeticamente i vasetti e lasciare fermentare per 1 settimana a temperatura ambiente.

Trascorso questo tempo, aprire il barattolo e degustare. Se le verdure sono di vostro gradimento, potete iniziare a consumarle, conservando poi il vasetto in frigorifero. Se preferite un sapore più acidulo, lasciarle fermentare ancora per qualche giorno a temperatura ambiente, finché non soddisferanno le aspettative. Le verdure in salamoia si conservano in frigorifero per un anno.

Le piccole mani possono

Tagliare le verdure, metterle nei vasetti, aggiungere spezie e aromi, versare l'acqua con precisione.

Benefici per la salute Preparate secondo un metodo di conservazione naturale, queste verdure lattofermentate favoriscono l'equilibrio della florà intestinale. Contribuiscono inoltre a rafforzare le difese immunitarie e a stabilizzare l'umore di tutta la famiglia. Indispensabili in autunno!

5

Conoscere gli alimenti e la natura

Per incoraggiare i nostri figli a diventare piccoli esploratori del gusto (e a contrastare le inevitabili avversioni nei confronti di alcuni cibi), occorre assolutamente arricchire i loro "concetti alimentari", cioè la rappresentazione mentale degli alimenti che compongono la loro dieta quotidiana. La semplice esposizione visiva, che consiste nel mostrare alimenti di varietà, dimensioni, forme e colori diversi, è un metodo molto efficace. Ma abbiamo a disposizione anche altre strategie: far vedere al bambino in che modo gli alimenti crescono o vengono prodotti, descriverne le diverse parti, illustrarne la storia, realizzare esperimenti a casa coltivando un piccolo orto, qualche pianta aromatica o dei frutti di bosco. È un metodo spesso adottato nelle scuole Montessori, in cui il bambino, seguendo il corso delle proprie riflessioni, affronta uno stesso tema da diversi punti di vista: la botanica, la scienza, la storia, la geografia, l'arte... Considerate le attività proposte nelle prossime pagine come altrettante chiavi d'accesso, esempi illustrati che potrete ripetere e variare a piacimento nel corso delle vostre scoperte alimentari. Per saperne di più, si veda l'intervista a Jérémie Lafraire a p. 141.

LA STORIA DEI CIBI CHE MANGIAMO

Per tutti

I risultati delle ricerche parlano chiaro: più i nostri figli conoscono gli alimenti e capiscono che cos'hanno nel piatto, meno saranno tentati di rifiutare determinati cibi. È un metodo molto efficace per aiutarli a diventare piccoli buongustai "a tutto campo"! Esistono mille modi per parlare degli alimenti: affrontandone l'aspetto storico, spiegandone le proprietà nutrizionali (e quindi che cosa possono fornire al nostro organismo), descrivendo le condizioni in cui crescono o vengono prodotti, raccontando la storia di personaggi celebri il cui nome è legato a una determinata pietanza... Prendete informazioni, poi trasformatevi in narratori esperti: più riuscirete a catturare l'interesse dei vostri figli, più saranno disposti ad assaggiare cibi diversi! Ecco un esempio sulla storia della quinoa.

Venerata dagli Inca come pianta sacra, la quinoa è una delle rare specie che crescono sugli altipiani delle Ande, in America meridionale. Seimila anni fa, rappresentava la principale fonte di cibo di questa regione, e per questo le popolazioni locali la chiamavano *chisiya mama*, cioè "madre di tutti i semi". Ma quando arrivarono gli spagnoli, la sua coltivazione fu tralasciata a vantaggio di quella del frumento e dell'orzo.

La storia della quinoa avrebbe potuto interrompersi qui, se non fosse stato per l'ingegnosa intuizione di un gruppo di uomini: circa quarant'anni fa, nel cuore delle montagne dell'Ecuador, gli animatori di una radio comunitaria a corto di risorse ebbero l'idea di intraprendere la coltivazione biologica della quinoa su una superficie di pochi ettari e di utilizzare il ricavato della vendita per autofinanziarsi.

Iniziarono a promuovere il loro prodotto via radio e nelle fiere commerciali. L'entusiasmo fu immediato... soprattutto all'estero. La radio comunitaria si trasformò in impresa di consulenza per i coltivatori e organizzò una rete di compravendita che sarebbe diventata una delle più importanti del paese. Nel 2000 l'impresa ricevette il Premio Slow Food per aver reintrodotto in Ecuador una coltivazione indigena ormai scomparsa e permesso ai piccoli agricoltori del paese di farne un mezzo di sussistenza nel rispetto dell'ambiente.

Risotto di quinoa alla curcuma

PREPARAZIONE: 20 MIN
COTTURA: 15 MIN
PER 4 PERSONE

180 g di quinoa
1 scalogno
2 cucchiai di olio di oliva
40 cl di brodo vegetale
2 cucchiaini di curcuma
100 g di piselli surgelati
1 zucchina grattugiata
1 noce di burro
30 g di parmigiano grattugiato
30 g di formaggio grattugiato

Sciacquare la quinoa sotto l'acqua corrente in un setaccio a maglia fine per eliminare i residui di saponina presenti sulla superficie dei chicchi (che danno un sapore amaro), poi scolarla (al tatto la sua consistenza è molto piacevole per i bambini).

Tritare lo scalogno e farlo appassire in una casseruola con l'olio d'oliva.

Aggiungere la quinoa e mescolare per qualche istante, poi versare poco per volta il brodo vegetale con l'aggiunta della curcuma, fino a esaurimento del liquido. Continuare a mescolare.

Incorporare i piselli, la zucchina, il burro e i formaggi alcuni minuti prima della fine della cottura. Servire come un risotto in un piatto fondo.

Le piccole mani possono

Sciacquare la quinoa, grattugiare il formaggio o la zucchina.

Benefici per la salute La quinoa ha molte proprietà salutari: priva di glutine, contiene un'elevata quantità di proteine di alta qualità, fibre, acidi grassi polinsaturi e numerosi micronutrienti. In associazione con la curcuma (utile in caso di problemi della pelle o disturbi della sfera otorinolaringoiatrica), la quinoa costituisce un piatto nutriente e ricostituente.

IL CICLO DELL'UOVO

Dai 2 anni e 1/2

PAG. 237

Il ciclo dell'uovo e della gallina è un argomento che affascina i bambini. Potrete introdurlo grazie alle carte proposte alla fine del libro, presentate in ordine cronologico da sinistra a destra: l'uovo, la schiusa, il pulcino, la gallina. Esistono anche dei pupazzetti di gomma che rappresentano ciascuna fase per facilitare la comprensione e la memorizzazione del ciclo vitale.

Le galline depongono uova quasi ogni giorno e queste possono essere state fecondate o meno dal gallo. Da un uovo fecondato e poi covato dalla gallina potrà nascere un pulcino dopo 21 giorni! In caso contrario, potrete tranquillamente mangiarlo!

Cercate insieme quali altri animali o insetti depongono le uova: farfalle, formiche, coccinelle, rane, api, uccelli, ragni, tartarughe... Straordinario, vero?

Per i più piccoli, potete realizzare un laboratorio sensoriale incentrato sulla gallina: in una vaschetta trasparente o in una cassetta di legno mettete un po' di paglia, una zolla di erba, un piccolo abbeveratoio, alcuni chicchi di mais o altri semi... poi collocate i vari pupazzetti e lasciate che il bambino dia libero sfogo alla fantasia!

Uova alla coque con bastoncini di verdure e cracker ai semi

PREPARAZIONE: 15 MIN
COTTURA: 35 MIN
PER 1 SCATOLA DI CRACKER E 4 UOVA ALLA COQUE

4 uova a temperatura ambiente
1 zucchina
2 piccole carote

PER I CRACKER
30 g di semi di zucca
15 g di semi di girasole
30 g di semi di sesamo
100 g di farina di farro spelta integrale
1 pizzico di sale
2 1/2 cucchiai di olio d'oliva
6 cl di acqua (o di più se necessario)
1 manciata di formaggio grattugiato

Preriscaldare il forno a 180 °C. In una ciotola mescolare tutti i semi, la farina e il sale. Aggiungere l'olio e poi l'acqua (dosandone la quantità in modo da ottenere un impasto compatto).

Stendere uno strato sottile di impasto tra 2 fogli di carta da forno. Togliere delicatamente il foglio superiore e cospargere di formaggio. Per facilitare la divisione dei pezzi al termine della cottura, tracciare sull'impasto, con una rotella tagliapasta o un coltello, una griglia formata da rettangoli lunghi e stretti. Infornare per circa 20 min.

Nel frattempo, tagliare a bastoncini le carote e le zucchine prima di cuocerle al vapore per 10 min.

Quando i cracker risulteranno dorati, toglierli dal forno e lasciarli raffreddare prima di dividerli a mano.

Tuffare le uova in acqua bollente per circa 3 min. Passarle rapidamente sotto l'acqua fredda prima di disporle nei portauovo. Servire 2 cracker, 2 bastoncini di carota e 2 bastoncini di zucchina per persona. Degustare subito.

Le piccole mani possono

Dosare gli ingredienti, lavorare e stendere l'impasto, inciderlo con una rotella tagliapasta, lavare e tagliare le verdure.

Accorgimento Conservare i cracker avanzati in una scatola a chiusura ermetica. Potranno essere utilizzati per un sano spuntino, per accompagnare un assaggio di formaggi o per esercitarsi a imburrare...

Benefici per la salute L'uovo è un alimento completo e particolarmente adatto ai bambini. La cottura alla coque (albume cotto e tuorlo quasi crudo) è ideale per preservarne i principi nutritivi, oltre che per fare una piccola pausa quando si sta ancora imparando a usare correttamente le posate. È preferibile scegliere uova biologiche.

REALIZZARE I LIBRETTI MONTESSORI (PARTI DI ANIMALI, PIANTE, OGGETTI)

Dai 3 anni

PAG. 227

Come le carte delle nomenclature, i libretti Montessori permettono ai bambini di scoprire e imparare il nome preciso delle diverse parti di un animale, una pianta, un oggetto. Ecco qualche suggerimento per realizzare un libretto che abbia come tema il pesce.

Alla fine del libro troverete alcuni foglietti sui quali è raffigurato un pesce. Ritagliateli insieme con le corrispondenti etichette dei vocaboli, prima di proporre al bambino di studiare il pesce e di realizzare un libretto dedicato a questo animale.

Invitatelo a riconoscere su ciascuna figura una parte del pesce e a colorarne il contorno. Poi, a seconda dell'età, proponetegli o di incollare l'etichetta corrispondente (ripassando a matita le parole scritte) o di ricopiare il testo riportato sull'etichetta.

Una volta messe insieme tutte le figure, potete riunirle, servendovi di una perforatrice e di un grazioso nastrino, in un libretto che il bambino potrà consultare a piacere per consolidare le proprie conoscenze.

Come per le carte delle nomenclature, potrete trovare in Internet molti altri soggetti (cavallo, uccello, albero ecc.) da utilizzare per altri libretti montessoriani.

Sgombro al forno

PREPARAZIONE: 15 MIN
COTTURA: 15 MIN
PER 4 PERSONE

2 limoni non trattati
2 scalogni
4 sgombri
Qualche fogliolina di basilico
2 rametti di pomodori ciliegini
2 pannocchie di mais precotte sottovuoto
Olio d'oliva

Preriscaldare il forno a 180 °C.

Lavare i limoni e tagliarli a fettine sottili. Sbucciare e tritare gli scalogni. Lavare i pomodorini. Farcire gli sgombri con le fettine di limone, un po' di scalogno e qualche fogliolina di basilico.

Disporre gli sgombri in una teglia da forno e distribuire tutt'intorno il mais e i pomodori ciliegini.

Annaffiare con olio d'oliva, infornare e lasciare cuocere per circa 15 min. Verificare il grado di cottura con un coltello: se la carne si stacca dalle lische, il pesce è pronto!

Le piccole mani possono

Lavare i pomodorini e i limoni, disporre gli ingredienti nella teglia, annaffiare con un po' di olio d'oliva.

Benefici per la salute Questa ricetta è perfetta per fare il pieno di omega-3 di cui il cervello dei bambini, in pieno sviluppo, ha così tanto bisogno!

IL CICLO VITALE DELLA PIANTA - PARTE 1

Dai 3 anni

PAG. 237

La primavera è la stagione ideale per affrontare il ciclo vitale della pianta con i bambini. Per svolgere questa attività potete procurarvi un kit scientifico o le carte delle nomenclature da ritagliare alla fine del libro, che rappresentano le diverse fasi di sviluppo delle piante, dal seme al fiore.

Aiutandovi con le carte ritagliate, illustrate al bambino il ciclo vitale della pianta: seme, germinazione, crescita, fioritura. Descrivete ciascuna fase con termini precisi e disponete man mano le carte in ordine logico, da sinistra a destra.

Invitate il bambino a riunire le carte e a mischiarle. Dovrà poi ricostruire la sequenza in ordine logico e ripetere i vocaboli corrispondenti.

Per favorire la memorizzazione, potete anche eseguire un esperimento "dal vivo":

- mettete alcuni ceci, fagioli o lenticchie su uno strato di cotone imbevuto d'acqua badando a mantenere quotidianamente il giusto grado di umidità con un nebulizzatore. Dopo alcuni giorni il seme si "risveglierà" e potrete così seguirne le fasi di crescita!;
- fate una talea con il basilico o la menta. È molto semplice: tagliate un rametto e mettetelo in un bicchiere d'acqua. Dopo alcuni giorni spunteranno nuove radici e una nuova piantina potrà essere interrata in un vasetto!

La parte 2 del ciclo vitale della pianta (vedi p. 174), che comprende la fioritura e la maturazione del frutto, sarà illustrata con l'esempio della zucchina!

Fiori di carciofo

PREPARAZIONE: 5 MIN
COTTURA: 40 MIN
PER 4 PERSONE

4 carciofi senza spine
1 cucchiaio di senape dolce
3 cucchiai di aceto aromatizzato alle noci
3 cucchiai di una miscela di 4 diversi tipi di olio
3 cucchiai di olio d'oliva

Tagliare il gambo dei carciofi e sciacquarli velocemente sotto l'acqua corrente, poi cuocerli al vapore per 30-40 min: anche se richiede più tempo, questo metodo di cottura evita di disperdere nell'acqua le vitamine contenute nell'ortaggio.

Per una bella presentazione, eliminare le foglioline esterne più ruvide e staccare il cuore dell'ortaggio. Asportare la peluria interna con un cucchiaio. Poi inserire di nuovo il cuore capovolto, al centro del carciofo: ecco un fiore appena sbocciato!

Per preparare la vinaigrette, versare la senape e l'aceto in un vasetto. Chiudere e agitare. Aggiungere la miscela di oli. Richiudere e agitare di nuovo. È pronta! Potete sostituire la vinaigrette con la salsa Caesar (p. 193), che si abbina perfettamente al carciofo!

Le piccole mani possono

Preparare la vinaigrette (dai 2 anni e mezzo).

Benefici per la salute Il carciofo è dotato di molte proprietà benefiche essendo ricco di ferro, magnesio e vitamine (K, B1, B2, B3, B5, B6 e B9).

Lo sapevate? Il carciofo è un'infiorescenza di cui si mangiano i petali a uno a uno! Un modo appetitoso per festeggiare la primavera!

FARE GERMOGLIARE I SEMI

Dai 4 anni

Coltivare i germogli per poi consumarli è un po' come avere un piccolo orto in cui tutto cresce rapidamente sotto gli occhi stupiti dei bambini: la raccolta si fa ogni 3 o 4 giorni!

Procuratevi subito un germinatoio: i semi germogliati (verdure, legumi, cereali, oleaginose) traboccano di vitalità! Il processo di germinazione, infatti, aumenta le proprietà nutritive dell'alimento iniziale: i germogli decuplicano il loro contenuto di vitamine (C, A, E, D, K, B) e di minerali (fosforo, calcio, magnesio, potassio, ferro)! Erba medica (alfalfa), fieno greco, crescione, senape, ravanello, carota, broccoli, finocchio, lenticchie, fagiolo mungo (soia verde), ceci, girasole... Avete solo l'imbarazzo della scelta! Ecco in sostanza come procedere.

1. Risvegliare i semi. Sciacquare una manciata di semi, metterli nel germinatoio e ricoprirli con acqua filtrata. Lasciare riposare per una notte, poi gettare l'acqua. Risciacquare abbondantemente.

2. Seguire la germinazione. Collocare i semi in un ambiente luminoso ma al riparo dalla luce diretta del sole. Nei giorni seguenti, bagnarli due volte al giorno finché non germineranno. Cosa che dovrebbe accadere tra il secondo e il quinto giorno, a seconda delle varietà scelte!

3. Raccogliere e conservare. Dopo la raccolta, i germogli devono essere consumati subito o conservati in frigorifero (per un massimo di cinque giorni). Da degustare su una tartina al formaggio, con un piatto di verdure, un'insalata, una minestra.

RACCOGLIERE FIORI E FOGLIE PER PREPARARE LE TISANE

Dai 2 anni e 1/2

Se avete piantato e coltivato menta, verbena, camomilla, tiglio, borragine, rosa, violetta, lavanda ecc., effettuate la raccolta prima che appassiscano, per poter sfruttare durante la stagione invernale le benefiche virtù di queste piante preparando in casa deliziose tisane.

Mostrate al bambino come tagliare i fiori e staccare delicatamente le foglie. Poi fateli essiccare al riparo dall'umidità.

Per preservare gli aromi, la raccolta dovrebbe essere effettuata preferibilmente al mattino.

Fiori e foglie essiccati saranno pronti dopo circa una settimana. Potrete conservarli in graziosi vasetti di vetro muniti di etichette e utilizzarli per la preparazione di ottime tisane (vedi "Preparare e servire la tisana della sera, p. 96).

IL CICLO VITALE DELLA PIANTA - PARTE 2

Dai 4 anni

PAG. 237

L'estate è la stagione ideale per continuare con i frutti l'attività sul ciclo vitale della pianta iniziata in primavera (vedi p. 170). La ricetta con le zucchine che vi proponiamo permette di integrare le proprie conoscenze con una descrizione precisa del fiore, del frutto e dei semi...

Presentate (di nuovo) il ciclo vitale della pianta al bambino e fategli ripassare i vocaboli corrispondenti (radici, foglie, stelo, gemma).

Utilizzate le carte da ritagliare alla fine del libro: il fiore, il frutto e i semi. Potete allineare le carte come nel ciclo vitale della pianta 1 (p. 170), oppure disporle in cerchio, per aiutare il bambino a visualizzare l'eterno ciclo di rinascita della natura (il seme che germoglia dando vita a nuove piantine).

Terminata l'attività, potete scegliere fra diverse opzioni complementari.

- Proponete di realizzare un libretto sulle diverse parti del fiore: corolla, stame, petalo, calice ecc.
- Proponete di realizzare uno o più libretti sulle parti del frutto, per esempio la mela: peduncolo, polpa, buccia, seme ecc.
- Recuperate tutti i semi e i noccioli degli ortaggi o dei frutti che consumate e classificateli servendovi delle carte alla fine del libro. Potete anche proporre al bambino di piantarli per ottenere un nuovo raccolto! Tra i più facili da coltivare: avocado, mela, fragola, limone, mandarino, kiwi, pomodoro...

E adesso tocca a voi!

Zucchine croccanti con fiori in pastella

PREPARAZIONE: 15 MIN
COTTURA: 15 MIN

12 fiori di zucchina
12 zucchine mignon
Olio d'oliva
Fior di sale

PER LA PASTELLA
100 g di farina
50 g di maizena
15 cl di latte o acqua
1 uovo
1 cucchiaio di olio d'oliva
Basilico fresco

In una ciotola preparare la pastella amalgamando con la frusta la farina, la maizena, il latte, il tuorlo d'uovo e l'olio d'oliva fino a ottenere un composto omogeneo. Aggiungere un po' di basilico fresco tritato e mescolare di nuovo.

In un altro contenitore montare a neve l'albume, poi incorporarlo delicatamente al composto.

Versare poco olio d'oliva in una padella calda e cuocere le zucchine mignon già lavate per 5-8 min, a seconda delle dimensioni, rigirandole diverse volte. In questo modo le zucchine ancora giovani rimangono croccanti.

Nel frattempo ricoprire con olio d'oliva il fondo di un'altra padella e riscaldarlo. Immergere un fiore di zucchina per volta nella pastella fino a ricoprirlo interamente, poi lasciare sgocciolare per eliminare l'eccedenza. Metterlo nella padella e far cuocere da entrambi i lati per 2 o 3 minuti, finché non risulterà ben dorato. Servire con un po' di fior di sale.

Le piccole mani possono

Preparare la pastella, rompere l'uovo, separare il tuorlo dall'albume, lavare le zucchine.

Lo sapevate? Il nome "zucchina" indica la pianta orticola dalle grandi foglie ma anche il frutto della pianta.

COLTIVARE ERBE AROMATICHE, FIORI COMMESTIBILI E PICCOLI FRUTTI

Dai 3 anni

Secondo Maria Montessori, i bambini devono vivere la natura per comprenderla meglio, rispettarla e coltivare il proprio benessere. La primavera è la stagione ideale per allestire un angolo verde in casa. Bastano alcuni vasi per far crescere pomodori ciliegini, ravanelli, fragole, erba cipollina, basilico, verbena, insalata, borragine, camomilla. Un'esperienza molto gratificante per i bambini!

Riunite le vostre colture nell'angolo di casa che ritenete più adatto, su ripiani ad altezza di bambino o sul pavimento. Procurate anche tutto l'occorrente per consentirgli di far fronte da solo alle sue nuove responsabilità:

- **bagnare le piante con un annaffiatoio** (prevedere anche una spugnetta per rimediare a eventuali spargimenti d'acqua), avendo cura di toccare prima il terriccio con le mani per verificare i bisogni delle piante;
- **occuparsi dell'aspetto estetico,** cioè tagliare foglie e fiori appassiti con un paio di forbici (fornire un contenitore in cui mettere gli scarti da gettare nella pattumiera);
- **comporre mazzetti di fiori** da disporre armoniosamente in piccoli vasi, o prelevare steli, foglie e fiori da utilizzare in cucina;
- **assaggiare regolarmente fiori** e foglie commestibili e immaginare a quali pietanze potrebbero abbinarsi;
- **tenere un diario** su cui lasciare traccia di eventi importanti per la vita delle piante (nuovi arrivi, fioriture, raccolta di semi ecc.), incollando o disegnando un elemento (fiore, seme, foglia ecc.) su ogni pagina, o chiedendovi di fare una breve descrizione scritta. Non dimenticate di registrare la data.

“Il nostro grado di felicità dipende dalla capacità di “sentire” ciò che facciamo. Cucinare è un atto creativo, di trasformazione, e ci può regalare sensazioni straordinarie.”

L'INTERVISTA ALL'ESPERTO

Florence Servan-Schreiber

Maestra di felicità, scrittrice, giornalista

La cucina può essere fonte di molti piaceri e di grande felicità! Il piacere dei sensi, ovviamente, ma anche quello di condividere la tavola con commensali gradevoli e interessanti, di soddisfare l'appetito e di avvertire gli effetti benefici del cibo sul corpo e sulla mente, infine quello di cucinare, da soli o in compagnia di altre persone. Ma nella vita caotica di tutti i giorni con i figli, non è sempre facile essere al colmo della gioia! Florence Servan-Schreiber ci mette a conoscenza delle più recenti scoperte delle neuroscienze, ponendole al servizio della psicologia positiva e del benessere. Il suo mantra? "La felicità non si impara, bisogna lavorare per costruirla". Ci spiega così quali meccanismi cerebrali intervengono quando ci sentiamo felici e ci fornisce numerosi consigli per rendere ancora più gratificanti le nostre esperienze in cucine, dai fornelli alla tavola!

Una o due generazioni fa, quando si chiedeva ai genitori che cosa si augurassero per i loro figli una volta diventati adulti, la maggior parte rispondeva: "Che abbiano una buona situazione personale, una vita agiata". Oggi invece i genitori mettono la felicità al primo posto. In qualità di esperta di psicologia positiva, può dirci se è possibile imparare a essere felici? E se sì, possono farlo anche i bambini?

No, non si può "imparare" a essere felici! Quello che tuttavia possiamo imparare, o più esattamente sviluppare, affinare, è la nostra capacità di percepire i momenti di piacere, di gioia, di benessere, diventandone pienamente consapevoli. Quando si ha la fortuna di percepirli, si può gradualmente imparare a farne tesoro per riuscire a rinnovare e rendere più intense queste situazioni piacevoli.

Non va dimenticato che il cervello degli esseri umani è programmato anzitutto per recepire le situazioni negative o pericolose. Agli albori dell'umanità, questo meccanismo rendeva possibile la sopravvivenza. Perciò era di vitale importanza che i segnali negativi fossero percepiti più rapidamente rispetto a quelli positivi: se avvertite un cattivo odore o un rumore forte o sentite qualcuno che grida, il vostro cervello rettiliano reagisce immediatamente, mettendovi in guardia contro un potenziale pericolo!

Oggi, fortunatamente, le nostre condizioni di vita non sono più le stesse! Ma dobbiamo ristabilire una sorta di equilibrio potenziando la nostra capacità di percepire i dati positivi, quindi sviluppando la densità dei neuroni della corteccia prefrontale, sede dell'intelligenza emotiva! Questa "dinamica" cerebrale è molto importante e possiamo esercitarla, potenziarla a qualunque età, indipendentemente dalla nostra innata predisposizione a vedere il bicchiere mezzo vuoto o mezzo pieno!

I bambini hanno un atteggiamento di spensieratezza e leggerezza nei confronti delle esperienze. Fin dai primi anni possiamo insegnare ai nostri figli a individuare le situazioni che suscitano in loro emozioni positive. Aiutiamoli a prendere coscienza di ciò che provano quando sono visibilmente in uno stato di gioia, di felicità, poi a riconoscere le condizioni che hanno preceduto queste emozioni. Incoraggiamoli a esprimere, precisare, registrare, salvaguardare queste informazioni. Saranno estremamente utili per replicare quelle esperienze che le suscitano... e di conseguenza per ricercarle il più spesso possibile!

Nella nostra cultura, la felicità passa anche attraverso i piaceri della tavola?

I criteri per stabilire il livello individuale di felicità e benessere sono molto più "geolocalizzati" di quanto non crediamo! Alcuni studi dimostrano che, quando si chiede a persone provenienti da diverse aree geografiche del mondo di dire che cosa suscita in loro una reazione di meraviglia, le loro risposte differiscono da un paese all'altro, ma sono simili a quelle degli individui provenienti dalla stessa area geografica. Per esempio, chi vive in California si dirà meravigliato dalla vista delle aquile, delle balene, dell'oceano Pacifico. Una persona che abita a Barcellona vi parlerà di jamón (prosciutto iberico) e della locale squadra di calcio.

La cultura di appartenenza ha un impatto innegabile sugli elementi che determinano il nostro grado di benessere e felicità. Tutti gli esseri umani hanno bisogno di mangiare e spesso traggono molto piacere dal fatto di consumare cibi gustosi. Ma nei paesi in cui la cucina rappresenta una vera e propria arte di vivere e un grande serbatoio di conoscenze, l'alimentazione e i piaceri legati alla buona tavola hanno assunto un ruolo centrale. Per questo il momento del pasto è diventato una delle nostre gioie più grandi...

Eppure i pasti con i bambini non sono sempre facili! Tra un uso impreciso delle posate, la difficile acquisizione delle buone maniere, i "non mi piace" ancora prima di aver assaggiato... Che cosa consiglia per riuscire a stare a tavola tutti insieme in modo più piacevole?

I pasti in compagnia di bambini piccoli sono momenti estremamente impegnativi. Bisogna ammettere che le nostre richieste di genitori sono davvero elevate! Desideriamo che i nostri figli siano aperti alle novità, che si comportino bene (cioè che rispettino determinate regole), che ci facciano il resoconto della loro giornata senza per questo interrompere le nostre conversazioni di adulti, e tutto ciò pretendendo anche che mangino con gusto quello che hanno nel piatto! E, guarda caso, ci accorgiamo che la tavola familiare si è trasformata in "zona di guerra"!

Ci sono molte implicazioni che entrano in gioco nello stesso tempo. A mio parere, è necessario che i genitori scelgano che cosa vogliono fare di questo momento, in funzione dei loro obiettivi familiari, della cultura, del carattere o del loro grado di stanchezza. È molto importante perché ciò determinerà l'atmosfera del pasto, permettendo di adattarne lo svolgimento (buona educazione, scoperta, piacere, conversazione ecc.). Abbiamo davvero la possibilità di scegliere. Il pasto è il momento in cui si mangia? Durante il quale si imparano le buone maniere? In cui si parla? In tal caso ci sediamo a tavola con i figli? Consumiamo il pasto con loro? Decidete qual è la vostra priorità e tralasciate tutto il resto.

Con i nostri tre figli, il momento in cui ci si ritrovava seduti a tavola tutti insieme alla sera era prima di tutto un'opportunità di condivisione. Per noi la cosa più importante era il fatto di poter parlare con gli altri componenti della famiglia più che il contenuto dei piatti o la buona educazione a tavola... anche se eravamo comunque un po' assillanti!

Inoltre, sebbene possa essere considerato sacrosanto da alcuni, il pasto non deve diventare troppo "serio". Dovrebbe piuttosto rinsaldare i legami familiari e allo stesso tempo creare una certa apertura verso l'esterno. Non dimentichiamo il concetto di gioco: dobbiamo avere il coraggio di divertirci a tavola!

Per esempio, se il vostro obiettivo è invogliare i vostri figli ad assaggiare qualcosa di nuovo, non assillateli con la corretta impugnatura delle posate o con regole del tipo "non si gioca con il cibo" ecc. Lasciate che diano sfogo alla fantasia con broccoli e carote! Se proponete loro una minestra con una nuova verdura, buttate lì: "Stasera si mangia senza posate! Chi vuole una cannuccia?". Se volete che i bambini si avvicinino alla novità, qualunque essa sia, dovete introdurre una certa dose di gioco e di libertà per stimolare la loro curiosità.

Un altro argomento molto dibattuto è la varietà degli alimenti da introdurre nella dieta del bambino. Il fatto di poter dire: "Mio figlio mangia di tutto" è un motivo di orgoglio per molti genitori! Eppure non è così semplice...

Oggi l'alimentazione è diventata una questione molto complessa. C'è sempre qualcuno che dice: "Da luglio sono diventato vegano" o "Seguo una dieta priva di glutine", "Sono intollerante al lattosio", "Da tre mesi sto facendo una cura disintossicante senza zuccheri" ecc. Le scelte alimentari che escludono determinate categorie di alimenti oggi vanno molto di moda! È evidente che anche i nostri figli assorbono questi comportamenti alimentari, e mi sembra del tutto logico che siano tentati di rifiutare questo o quel cibo. Senza contare poi l'ampia diffusione di intolleranze o allergie alimentari.

Per accompagnare i bambini sulla via della scoperta alimentare, credo sia molto importante la dimensione ludica. Se mettete dei fagiolini in una scatola e dite: "Questa sera a cena si mangia dita di extraterrestre!", probabilmente vi sentirete rispondere: "Non è vero, sono fagiolini!". Allora replicherete in tono serio: "No, sono dita di extraterrestre!". Se accetteranno di stare al gioco, cambierà il loro rapporto con il cibo... e si sentiranno invogliati ad assaggiare!

Ovviamente, è fondamentale che anche i genitori abbiano voglia di giocare, cosa non sempre facile nella quotidianità, quando il più delle volte le serate sono tutto tranne che giocose e bisogna fare il bagnetto ai bambini, aiutarli a svolgere i compiti, preparare la cena, metterli a dormire... Ma non è neppure il momento migliore per aiutarli a scoprire la rapa o il finocchio! Cercate piuttosto di rimandare al fine settimana, quando si ha più tempo per apparecchiare la tavola in modo diverso, cenare in un'altra stanza, organizzare un picnic... Perché più riuscirete a suscitare l'interesse dei bambini, più accetteranno di buon grado le novità!

Credo che anche i genitori abbiano bisogno di "rituali" per ritrovare, nel trambusto quotidiano, il contatto con ciò che considerano davvero importante. Durante la cena, pratichiamo un piccolo esercizio che lei propone in uno dei suoi libri: ognuno cita uno o due momenti della propria giornata che lo hanno fatto stare bene e per i quali si sente di dover dire "grazie". I benefici sono immediati, tanto per i bambini quanto per i genitori: la cena si svolge in un'atmosfera rilassata, ci si concentra molto meno sui piccoli errori, lungaggini o manchevolezze dei piccoli commensali. E questo atteggiamento preannuncia una serata superzen, dato che ognuno ha avuto la possibilità di riconnettersi a qualcosa di positivo!

Il rituale permette in effetti di "radicare" una pratica nella quotidianità e di ristabilire il contatto con le cose che contano davvero per noi, anche se la preparazione della cena è stata laboriosa o la seduta di compiti particolarmente faticosa!

Ne approfitto per aprire una parentesi sulla buona educazione a tavola. Quando eravamo bambini, io e i miei fratelli e sorelle, mia nonna ci diceva: "Bisogna che riesca a portarvi a casa della regina d'Inghilterra". Anche se sapevamo bene che non saremmo mai andati a prendere il tè dalla regina d'Inghilterra, la questione delle buone maniere diventava interessante! L'aspetto divertente della richiesta la trasformava immediatamente in qualcosa di positivo!

Da parte mia, ho una regola che mi ha facilitato molto le cose: se i miei figli sono in grado di comportarsi bene fuori casa (dagli amici, al ristorante), posso anche tollerare un comportamento diverso tra le pareti domestiche. Perché, tutto sommato, l'unico criterio che conta sono i genitori degli altri bambini! Quando vi dicono: "I tuoi figli sono simpatici, ben educati", bisogna smettere di preoccuparsi! E in casa, la sostanza può anche prevalere sulla forma.

Secondo alcuni studi, il fatto di consumare i pasti da soli o in compagnia potrebbe essere altrettanto importante per la salute di quello che mettiamo nel piatto. Il suo consiglio è di sedersi a tavola insieme ai propri figli?

Consumare i pasti da soli non è più mangiare, è alimentarsi! Già quando si è in due, il pasto assume una funzione sociale, crea un legame. È un momento di convivialità, un incontro, un'occasione di svago. Inoltre, quando si condivide il pranzo o la cena, si tende a mangiare più lentamente, a non riempirsi due volte il piatto... La convivialità, il legame, la conversazione... sono cose che verosimilmente danno nutrimento alle nostre cellule!

Per questo è molto importante sedersi a tavola con i figli. Dobbiamo anche mangiare con loro? In realtà è una scelta molto personale, ma è quello che ho fatto io con i miei, anche a costo di farli cenare più tardi (per stare tutti insieme), poco prima di andare a dormire. Probabilmente è stata anche una reazione al fatto di non aver mai potuto sedermi a tavola insieme ai miei genitori. Abbiamo tutti le nostre forme di compensazione!

La felicità dipende anche da quello che mangiamo? Esiste un collegamento tra cervello, emozioni e cibo?

Gli alimenti sono il nostro carburante. Non si può negare che ciò che mangiamo abbia effetti su di noi, dal punto di vista sia fisiologico sia psicologico. Quello di cui dobbiamo essere consapevoli è che esistono alimenti benefici e alimenti dannosi.

Se vogliamo parlare di benessere, alcuni cibi stimolano la secrezione di particolari ormoni, con effetti positivi sull'umore e sul livello di serenità personale. Per esempio, è utile consumare regolarmente i legumi, in quanto favoriscono la produzione di serotonina, un ormone del sistema nervoso che contribuisce a ridurre l'ansia, a combattere l'insonnia e a mantenere alto l'umore!

Gli ortaggi a foglia verde, come gli spinaci e il cavolo nero, che contengono un'elevata quantità di vitamina B6, favoriscono la secrezione della dopamina, un ormone che influisce direttamente sulle nostre sensazioni di piacere.

E alcuni tipi di pesce (sardina, sgombro) così come l'olio di colza o di noce garantiscono un buon apporto di omega-3 di cui siamo spesso carenti (la nostra alimentazione è invece molto ricca di omega-6 ed è quindi necessario ristabilire un equilibrio). Gli omega-3 svolgono un ruolo importante per l'azione dei neurotrasmettitori responsabili del buon umore (serotonina, dopamina, noradrenalina). Informandoci sugli alimenti che ci fanno bene abbiamo più possibilità di scelta, tutto qui.

In compenso, oggi sappiamo che un consumo eccessivo di zucchero raffinato, il glutammato monosodico e alcuni coloranti alimentari hanno effetti deleteri sulla nostra capacità di concentrazione e memorizzazione. Alcuni possono addirittura generare nervosismo e irritabilità! Sono tutti rischi da cui bisogna proteggere i bambini.

Quello che mangiamo è importante anche per la nostra salute fisica. Eppure non è sempre facile tenere sotto controllo l'attrazione per i cibi grassi, dolci e salati, o resistere al richiamo di confezioni studiate per attirare i piccoli consumatori... Come possiamo aiutare i bambini a nutrirsi in modo sano?

A essere sincera, i miei figli più grandi sono cresciuti a suon di merendine e creme dessert. All'epoca non immaginavamo che alcuni prodotti industriali potessero essere nocivi per la salute. Ma quando mio cugino David Servan-Schreiber[1] è rientrato dagli Stati Uniti ammalato di cancro, abbiamo completamente rivisto il nostro modo di scegliere gli alimenti. Ci siamo informati sulle sostanze tossiche come i grassi idrogenati e sui loro effetti sull'organismo umano, abbiamo imparato a leggere le etichette...

Il più giovane tra i miei figli, Léon, ha completamente assorbito questo modo di porsi nei confronti dell'alimentazione. Fin da piccolo è diventato "lettore di confezioni di biscotti". Tra gli scaffali del supermercato ci diceva: "Questi non li prendiamo, sono pieni di grassi idrogenati...". A diciannove anni, sarà difficile che tocchi ancora un dolce confezionato, e il padre che diventerà trasmetterà probabilmente lo stesso atteggiamento ai suoi figli. Quando noi genitori siamo davvero convinti di qualcosa, e i nostri discorsi non sono solo "di facciata", i bambini capiscono che si tratta di argomenti seri. Ovviamente, sarà utile spiegare che cosa sono queste sostanze nocive e quali effetti provocano nell'organismo, parlando con loro di questi argomenti. Ma a dire il vero, se è chiaro per voi, sarà chiaro anche per loro.

Perché il fatto di mettersi ai fornelli, da soli o in compagnia, dovrebbe farci sentire gratificati?

Finché si considera l'atto del cucinare come un'incombenza domestica (siete voi che DOVETE preparare la cena), la cosa diventa pesante per tutti. Ma se cambiate il punto di vista, può essere una fonte inesauribile di piacere! A dire la verità, il piacere di cucinare e il piacere di dedicarsi insieme alla cucina sono molto diversi!

Il nostro grado di felicità dipende in gran parte dalla capacità di "sentire" ciò che facciamo. Se considerate che cucinare è un atto creativo, di trasformazione, per cui si prendono alimenti grezzi che vengono poi tagliati, trasformati, cotti ecc., allora sentirete che ciò che state facendo è un'opera di creazione, produttiva e... straordinaria! Mentre si sta ai fornelli, si è d'altronde talmente concentrati da perdere la nozione del tempo. In psicologia positiva, questo stato di coscienza è chiamato "flusso" (*flow* in inglese): si mettono all'opera le abilità individuali focalizzandole su un obiettivo preciso prima di ricevere un feed-back (una ricetta più o meno riuscita). Questo stato di profonda concentrazione (durante il quale ci si sente quasi soli al mondo) è fonte di intenso benessere.

E poi ci sono giorni in cui si cucina insieme, ci si diverte, si condivide. Anche questo è piacevole, ma il registro è diverso: questa volta non è tanto l'atto del cucinare a essere gratificante quanto piuttosto il fatto di condividere la cucina... e poi la tavola!

Lei è madre, cuoca provetta ed esperta di felicità... Non avrebbe una ricetta segreta da suggerirci, quella che rende più felici i suoi familiari?

La ricetta più apprezzata nella nostra famiglia ci è stata trasmessa da mia suocera Perla: è la minestra Disney. Tutti i bambini ne vanno matti. I miei, i loro cugini ma anche tutti i loro amici che vengono a cena da noi e adorano questo piatto, esclusivamente a base di verdure. Probabilmente, se dovessero metterle tutte in fila scapperebbero di corsa, ma alla vista di questa misteriosa zuppa si precipitano subito e ne mangiano a sazietà (anche perché è buona, è la condizione numero 1!). Sfortunatamente non posso divulgarne gli ingredienti, su cui Perla mantiene un rigoroso silenzio: ha promesso di rivelarli ai suoi nipoti solo il giorno del loro matrimonio, non prima! Lo strano colore di questa minestra, la sua composizione sconosciuta, il suo nome divertente, la promessa di mantenerne il segreto fino al giorno del matrimonio sono tutti elementi di una "messinscena" che ha trasformato questo piatto nel bestseller assoluto della nostra famiglia! Ma tutti abbiamo la possibilità di inventarne molti altri!

Nota

1. Psichiatra, ricercatore scientifico e autore di bestseller, tra cui Guarire (2003) e Anticancro. Prevenire e combattere i tumori con le nostre difese naturali (2007).

6

Cooperare, fare insieme, condividere

La cucina è una questione di abilità e di ricette... ma anche una storia di legami familiari, di affetti, di condivisione. Invitando il bambino a partecipare alle attività che si svolgono ogni giorno nella cucina di casa, gli permetterete di vivere pienamente quei valori che probabilmente state cercando di trasmettergli, come il gusto di collaborare (è bello sentirsi "utili"!), la costante preoccupazione di fare del bene agli altri (tanto dal punto di vista nutrizionale quanto per il piacere del palato), la gioia di condividere un buon pasto, con grazia e cortesia... Infine, questa esperienza condivisa vi aiuterà a ricordare fino a che punto i piaceri della tavola scandiscano le piccole e grandi ricorrenze della vita familiare! In più, imparerete a organizzare una festa di compleanno in perfetto stile Montessori, un momento pieno di affetto e tenerezza per ricordare a vostro figlio il percorso compiuto dalla nascita fino a oggi...

FESTEGGIARE L'INVERNO

Per tutti

Fra i mille impegni di ogni giorno, abbiamo spesso l'impressione che il tempo sfrecci a tutta velocità! Una possibile soluzione consiste nel costellarlo di piccole celebrazioni che ci permettano di vivere in modo consapevole il presente, per esempio festeggiando i cambi di stagione!

Festeggiare l'arrivo di una nuova stagione ci permette di ristabilire il contatto con la natura, ma preannuncia anche tre mesi di piccole gioie quotidiane di cui potremo diventare più consapevoli. Questi festeggiamenti comprendono:

- **una grande cena (o anche di più!)** in cui assaggiare tutti i cibi dei tre mesi a venire o in cui parlare delle specialità future! Per esempio, per celebrare l'arrivo dell'inverno, portate tutta la famiglia al mercato per acquistare gli ortaggi più strani e colorati. Una semplice cottura al forno permetterà di scoprirne il vero sapore!;
- **interventi per abbellire e rendere più accogliente la casa** (applicare adesivi alle finestre, fare le pulizie di primavera, sistemare plaid caldi ecc.);
- **lunghe passeggiate nella natura** durante le quali si osserveranno le trasformazioni stagionali e si raccoglieranno elementi da portare a casa e collocare in un apposito spazio a cui i bambini potranno accedere ogni volta che desiderano farlo;
- **piccoli doni** da destinare ai bambini che abbiano attinenza con le stagioni (un libro illustrato sulla primavera, un kit per allevare farfalle ecc.);
- **qualche "rituale" specifico** (accendere una lampada, piantare i semi ecc.).

Queste celebrazioni potranno svolgersi nell'arco di alcuni giorni o di un'intera settimana! Si prestano particolarmente bene le settimane di solstizio (con il giorno più lungo in estate e quello più breve in inverno) e quelle di equinozio (con la durata del giorno uguale a quella della notte, in primavera o in autunno). Segnano infatti il vero inizio delle stagioni e sono celebrate da tempo immemorabile!

Ortaggi invernali al forno

PREPARAZIONE: 20 MIN
COTTURA: 30 MIN

1 manciata di carciofi cinesi (tuberina)
4 rape
4 carote
1 pastinaca
2 porri
Olio d'oliva
Fior di sale

PER LA SALSA ALLE ERBE
Olio d'oliva
Il succo di 1 limone
1/2 spicchio d'aglio tritato
1/2 tazza di erbe aromatiche surgelate (prezzemolo, erba cipollina) o 1 manciata di rucola

PER L'HUMMUS
1 barattolo di ceci precotti
1 cucchiaio di tahina (salsa di semi di sesamo)
Il succo di 1 limone
1 spicchio d'aglio
2 cucchiai di olio d'oliva

Preriscaldare il forno a 180 °C. Pulire e lavare gli ortaggi. Tagliare i porri nel senso della lunghezza, le rape in quattro parti, la pastinaca a bastoncini, le carote a fette oblique. Disporre il tutto sulla placca di cottura rivestita di carta da forno e cospargere con un filo di olio d'oliva e poco fior di sale. Mescolare a mano e infornare per 30 min.

Nel frattempo preparare le salse. Per la salsa alle erbe, amalgamare gli ingredienti in una ciotola e mettere da parte. Per l'hummus, versare gli ingredienti nel bicchiere del mixer e frullare fino a ottenere un composto omogeneo.

Servire gli ortaggi caldi. Potete prima degustarli "al naturale", poi eventualmente accompagnarli con una delle salse.

Le piccole mani possono

Pulire e lavare gli ortaggi, spremere il limone.

AIUTARE A FARE LA SPESA

Dai 3 anni

Fare la spesa con i bambini piccoli non è sempre un'impresa facile: il (super) mercato è un ambiente ricco di stimoli! Ma se assegnerete loro un compito preciso e li doterete di accessori divertenti, riuscirete a focalizzare la loro attenzione... e vedrete che saranno molto orgogliosi di darvi una mano!

Lasciate che il bambino osservi i banchi, prenda in mano qualche frutto o ortaggio, ne percepisca le caratteristiche. Descrivetene il sapore e il modo di degustarli. Infine, proponetegli di mettere nel cestino quelli che desidera davvero assaggiare.

Potete anche affidargli una "lista della spesa", che servirà a proporgli un duplice esercizio, di osservazione e di matematica. Realizzate un elenco "visuale" associando l'immagine di un frutto o di un ortaggio a un numero. Se il bambino non conosce ancora i numeri, riproducete l'immagine per il numero di volte desiderato. Potrà così cercare la frutta e verdura indicate sulla lista e riempire un vassoio o una cassetta forniti dal fruttivendolo con il numero corrispondente di prodotti prima di farli pesare.

I venditori sono spesso molto disponibili con i bambini e si prestano alle loro richieste, purché espresse con i dovuti modi. Una bella occasione per sperimentare le buone maniere... con in più un gustoso premio! ;)

APPARECCHIARE LA TAVOLA

Dai 3 anni

I vostri figli non vedono l'ora di apparecchiare la tavola? Sorprendeteli invitandoli ad apparecchiare "una bella tavola"! Un'idea semplice che contribuirà a valorizzare il loro talento creativo e a creare un'atmosfera accogliente per il prossimo pranzo in famiglia.

A partire dai 2 anni, invitate i bambini ad apparecchiare e sparecchiare la tavola tutti i giorni. Per insegnare loro come procedere, mostrate con gesti lenti e precisi il modo in cui disporre il piatto vicino al bordo del tavolo e davanti alla sedia, la forchetta a sinistra, con i rebbi rivolti verso l'alto, il coltello a destra, con la lama verso l'interno, un cucchiaino davanti al piatto, con l'impugnatura rivolta a destra. Poi il bicchiere. E per ultimo il tovagliolo, sopra il piatto. Completate la preparazione della tavola con il pane, la caraffa dell'acqua, sale e pepe e tutto ciò che reputate necessario.

All'inizio i bambini si dimostrano molto disponibili... ma per i nostri gusti il loro entusiasmo tende a esaurirsi troppo rapidamente! Insistete con regolarità sul piacere di sedersi tutti insieme intorno a una bella tavola apparecchiata con grazia e, per cercare di mantenere vivo il loro interesse, esortateli ad aggiungere qualche elemento decorativo (pigne, foglie, frutta e verdura di stagione, ramoscelli ecc.).

Proponete anche di comporre mazzi di fiori e fogliame: date a vostro figlio un paio di forbici, alcuni vasetti e contenitori vari (bicchieri da tè, vaso a stelo ecc.), una caraffa d'acqua e lasciategli creare le proprie composizioni per abbellire la tavola! Chiedetegli anche di aggiungere alcuni lumini scaldavivande, da presentare in portalumini colorati. Li accenderete all'ultimo minuto, prima di sedervi a tavola in un'atmosfera magica!

LAVORARE IN SQUADRA IN CUCINA

Dai 3 anni

Piccoli attriti e grandi litigi tra fratelli e sorelle sono all'ordine del giorno nella vita familiare! Ma ritrovarsi tutti insieme in cucina per partecipare alla preparazione di un unico piatto aiuta a sviluppare lo spirito di collaborazione e il piacere di "fare insieme". Non mancate di sottolineare questo aspetto quando degusterete il risultato del loro lavoro!

Al momento di assegnare i compiti, cercate di valorizzare le qualità di ognuno ("Tu che sei così preciso, potresti dosare gli ingredienti? Tu che sei forte, potresti impastare?"). Cercate di stabilire anche la postazione di lavoro di ciascun bambino.

Non dimenticate che i bambini hanno bisogno di molta concentrazione per portare a termine gli "incarichi" che vengono loro assegnati. Perciò non aspettatevi che vi raccontino la loro giornata nei minimi dettagli: tenete in serbo i loro racconti per il momento della cena.

Ortaggi verdi e fagioli di soia con salsa Caesar

PREPARAZIONE: 15 MIN
COTTURA: 12 MIN
PER 4 PERSONE

1 testa di broccolo
4 asparagi verdi
1 confezione di edamame (fagioli verdi di soia) surgelati
Sale, pepe

PER LA SALSA CAESAR
1 tuorlo d'uovo
Il succo di 1/2 limone
1 cucchiaio di senape di Digione
10 cl di olio vegetale
1 piccolo spicchio d'aglio
3 filetti di acciuga
1 cucchiaio di capperi
30 g di parmigiano

Tagliare il broccolo a cimette e gli asparagi verdi a rondelle.

Far cuocere il broccolo in una padella unta con l'olio per 12 min finché le cimette non diventeranno scure e la parte centrale non risulterà tenera (verificare il grado di cottura con la lama di un coltello). Aggiungere le rondelle di asparagi 5 min prima della fine della cottura.

Scongelare gli edamame: metterli in una ciotola, versare acqua calda e attendere per 5-10 min. Sgranare i fagioli di soia (con i loro grossi baccelli, è ancora più semplice che con i piselli; vedi p. 92) e aggiungerli nella padella al termine della cottura.

Per preparare la salsa, dosare gli ingredienti e versarli nel mixer. Frullare fino a ottenere un composto omogeneo. Versarla sulle verdure disposte nel piatto prima di servire o metterla in una ciotolina lasciandola a disposizione del bambino.

Le piccole mani possono

Sgranare i fagioli di soia, preparare la salsa, tagliare le cimette di broccolo, affettare a rondelle gli asparagi verdi.

Benefici per la salute La clorofilla contenuta negli ortaggi verdi favorisce una corretta ossigenazione delle cellule dell'organismo.

Suggerimento Per trasformare questo piatto in un pasto completo, servirlo con una manciata di quinoa, di riso o pasta di piccolo formato!

FARE IL PANE IN CASA

Dai 3 anni e 1/2

Fare il pane è un'attività molto amata dai bambini. Da un punto di vista sensoriale, è molto piacevole affondare le mani in questa grande palla di pasta, e occorre una buona dose di energia per impastarla. Può persino diventare un utile esercizio quando i bambini sono molto agitati o in collera. Possono preparare una pagnotta mettendoci tutta l'energia che hanno bisogno di scaricare... e poi far cuocere il tutto per trasformarlo in qualcosa di positivo!

PREPARAZIONE: 15 MIN
COTTURA: 20 MIN

500 g di farina + la quantità necessaria per infarinare il piano di lavoro
30 cl di acqua tiepida (38 °C è la temperatura ideale)
10 g di sale
10 g di zucchero (facoltativo, per favorire l'azione del lievito)
20 g di lievito di birra fresco

1. Attivare il lievito. Per prima cosa, è necessario riattivare i microrganismi contenuti nel lievito che permettono alla pasta di aumentare di volume. Preparate una ciotola con 10 cl di acqua tiepida e spezzettate il panetto di lievito. Per facilitare l'operazione aggiungete lo zucchero, poi pazientate per 10 min. Approfittatene per osservare e ascoltare la reazione del lievito che si attiva, formando divertenti e frizzanti bollicine.

2. Presentare la farina. Fate vedere ai bambini che cosa sono una spiga di grano, un campo di grano, un mulino... Spiegate come questo e altri cereali vengono macinati per ricavarne la farina. È importante sapere che il prodotto che stiamo utilizzando ha già subito numerose trasformazioni prima di arrivare nelle nostre mani. E che avremo bisogno di acqua per trasformarlo di nuovo in pasta!

3. Preparare la pasta! Mettete la farina in una grande insalatiera. Aggiungete il sale e mescolate con cura (il sale potrebbe interrompere l'azione del lievito se venisse a diretto contatto con quest'ultimo). Scavate un foro nella farina. Versate il lievito e l'acqua rimasta. Mescolate prima con un cucchiaio e poi con le mani, e cominciate a lavorare la pasta nell'insalatiera fino a formare una palla.

4. Modellare l'impasto. Infarinate il piano di lavoro ed estraete l'impasto dall'insalatiera per poterlo lavorare più facilmente. Impastate per 10 min fino a ottenere una pasta morbida ed elastica. E adesso modellatela! Potete creare pagnottine, filoncini, trecce ecc. Disponete le vostre creazioni sulla placca da forno rivestita con carta da forno e infornate a 40 °C, al riparo da correnti d'aria, per 30 min per far lievitare la pasta.

5. E adesso... cuocere! Estraete la placca da forno. Aumentate la temperatura del forno a 250 °C e collocatevi un piccolo recipiente pieno d'acqua in modo che si formi vapore. Mentre il forno si scalda, spennellate con un po' d'acqua le forme di pane, cospargetele con un velo di farina e incidete leggermente la pasta con un coltello per farla lievitare bene (una croce su una pagnottina, linee in diagonale su un filoncino ecc.). Una volta raggiunta la temperatura desiderata, infornate e cuocete per circa 10 min. Abbassate la temperatura a 180 °C e proseguite la cottura per altri 5-10 min. Il vostro pane fatto in casa è pronto!

EDUCARE ALLA "GRAZIA" E ALLA "CORTESIA"

Per tutti

Cercate di non sottovalutare gli sforzi che il bambino deve compiere per riuscire a comportarsi "correttamente" a tavola. Rimanere seduti per mezz'ora o più, impugnare con abilità le posate, coordinare mani e occhi per portarle alla bocca senza far cadere niente, ricordare tutte le regole della buona educazione seguendo nel frattempo il corso della conversazione... Dovete ammettere che, a conti fatti, è un'impresa tutt'altro che facile!

Nel metodo Montessori, ricorrono frequentemente i termini "grazia" e "cortesia": in pieno periodo sensibile del comportamento sociale, i bambini (tra i 2 e i 6 anni) desiderano imparare a comportarsi con eleganza e a mostrarsi cortesi con gli altri. Per questo è sufficiente dare l'esempio, ricordando ogni giorno gli aspetti positivi di un atteggiamento basato sul rispetto e sull'ascolto... e forse farne anche materia di gioco!

Partendo da alcune semplici formule di cortesia, come "Per favore" e "Grazie", e divertendosi a fare "come se" (pranzassimo al ristorante, fossimo invitati a cena dalla regina Frida, prendessimo il tè con la regina d'Inghilterra), il bambino può esercitarsi con le buone maniere, memorizza formule complesse, si rende conto di quanto sia importante instaurare rapporti armoniosi e cortesi con gli altri.

Cercate di stare DAVVERO al gioco: consegnate formali inviti a cena, imbandite una tavola degna di una corte reale con mazzi di fiori e decorazioni, impersonate una regina buffa e stravagante, esagerate le vostre reazioni, chiamate i sudditi "Mio illustrissimo ospite", utilizzate un linguaggio elegante e arzigogolato ("Sareste così amabilmente gentile da passarmi quella deliziosa insalata di lenticchie?"...) e buon divertimento! La prossima volta, designerete un altro re o un'altra regina!

Serata tacos con la regina Frida

PREPARAZIONE: 20 MIN
COTTURA: 20 MIN
PER 4 PERSONE

Un avanzo di maiale sfilacciato (vedi ricetta a p. 157) e/o 150 g di lenticchie verdi del Puy o Beluga
1 dado da brodo
1 scalogno
1 cucchiaio di olio d'oliva (o di noci)
1 confezione di tortillas di mais o di grano
1 avocado
3 carote
1/4 di cavolo rosso
2 manciate di formaggio grattugiato
1 scatola di mais
2 limoni verdi
1 mazzetto di coriandolo fresco
1 vasetto di peperoncini jalapeños o chipotles
1 vasetto di salsa messicana poco speziata
1 vasetto di guacamole fresco
1 ciotolina di panna acida

Versare le lenticchie in un brodo preparato con il dado e 50 cl di acqua, poi cuocerle a fuoco lento per circa 15 min. Scolare e mettere da parte in una ciotola, con lo scalogno sbucciato e tritato e 1 cucchiaio di olio d'oliva (o di noci). Mescolare bene. (Le lenticchie possono perfettamente sostituire la carne nei tacos se non avete avanzato del maiale sfilacciato.)

Riscaldare il maiale sfilacciato sotto il grill del forno. Tagliarlo molto finemente e metterlo in un piatto.

Tagliare a cubetti l'avocado, grattugiare le carote e il cavolo rosso. Distribuirli in ciotoline. Poi fare lo stesso con gli altri ingredienti: mais (ben sgocciolato), limoni verdi (tagliati a spicchi), coriandolo (tagliuzzato) ecc.

Prendere una tortilla, spalmare sul fondo un sottile strato di salsa messicana (per far "tenere" gli altri ingredienti), farcire con 1 o 2 cucchiai di ciascun ingrediente scelto, terminare con 1 altro cucchiaio di salsa e... addentare! Senza dimenticare, quando si chiede a un altro commensale di passare un ingrediente, di dire "Per favore" e "Grazie".

Le piccole mani possono

Grattugiare le carote e il formaggio, tagliare a cubetti l'avocado, tagliuzzare il coriandolo fresco.

Con la regina Frida... Mostrarsi il più possibile "cortesi" quando si ha a che fare con i tacos non è un compito facile: ognuno farcisce il proprio chiedendo agli altri commensali un ingrediente dopo l'altro! Fortunatamente in questo caso si mangia con le mani, e sarà più semplice concentrarsi sulle buone maniere a tavola!

LA FESTA DI COMPLEANNO IN STILE MONTESSORI

Secondo il metodo Montessori, il compleanno è una celebrazione molto importante durante la quale il bambino può prendere coscienza del percorso compiuto dal giorno della nascita, circondato dall'affetto delle persone care. Esistono diverse varianti di questa cerimonia. Ve ne proponiamo una tra le più praticate nelle scuole Montessori e facilmente realizzabile anche a casa.

Procuratevi i seguenti elementi:

- alcune foto che ritraggono il bambino in momenti importanti della sua vita, eventualmente corredate di una legenda esplicativa ("il giorno della tua nascita", "i tuoi primi passi" ecc.);
- una torta;
- una grossa candela;
- un numero di candeline pari agli anni del bambino;
- fiammiferi, ovviamente;
- un mappamondo;
- le persone più care per il festeggiato.

Tutti i partecipanti si siedono in cerchio. Al centro si colloca la candela accesa, che rappresenta il Sole. Nel frattempo il bambino prende in mano il mappamondo, che rappresenta ovviamente la Terra. Uno dei genitori inizia a raccontare la storia del bambino, a cominciare dalla nascita: "Sei nato il 5 gennaio 2012. Il tuo papà e la tua mamma attendevano il tuo arrivo con impazienza. Eri un neonato bellissimo, con tanti capelli! Nei tuoi primi mesi di vita hai scoperto l'uso delle mani, ci hai offerto i tuoi primi gorgheggi, e quando hai compiuto 6 mesi ti è spuntato un bel dentino bianco ecc.". Per ogni momento importante menzionato, si colloca sul pavimento la foto corrispondente, accanto alla candela che rappresenta il Sole.

Una volta terminato il racconto di un anno, il bambino compie un giro intorno alla candela, tenendo in mano il mappamondo, proprio come la Terra ruota intorno al Sole nello stesso arco di tempo. A questo punto si accende una candelina (o un lumino scaldavivande vicino alla candela centrale, oppure direttamente una candelina sulla torta) e tutti i presenti battono le mani una volta. Si può così iniziare a raccontare il secondo anno di vita del bambino... Concluso il racconto, il bambino compie un secondo giro, si accende una seconda candelina sulla torta e le persone riunite battono due volte le mani.

Si procede allo stesso modo fino ad arrivare all'età del festeggiato! "Oggi hai 5 anni, la Terra ha girato per 5 volte intorno al Sole, sono trascorsi 5 anni dalla tua nascita." Tutte le candeline saranno state accese e si canta "Tanti auguri a te". Alla fine della canzone, il bambino può soffiare sulle candeline e iniziare a distribuire le fette di torta!

Torta alla frutta con crema Chantilly

PREPARAZIONE: 30 MIN
COTTURA: 25 MIN

PER LA PASTA FROLLA
1 tuorlo d'uovo
100 g di zucchero di canna
100 g di burro salato ammorbidito
200 g di farina

PER LA CREMA CHANTILLY
25 cl di panna fresca liquida
125 g di mascarpone
5 cucchiai di zucchero a velo (o più se viene servita da sola con la frutta)
I semi di un baccello di vaniglia

PER LA DECORAZIONE
Frutta a scelta, a seconda dei gusti e della stagione
Versione frutti rossi: fragole e fragoline di bosco, more, lamponi, mirtilli
Versione arcobaleno: sottili fettine di fragole, albicocche o mango, prugne o ananas, kiwi o prugne + mirtilli

Iniziare a preparare la pasta frolla. Preriscaldare il forno a 180 °C. Mescolare il tuorlo d'uovo e lo zucchero, aggiungere il burro ammorbidito e amalgamare con la frusta per ottenere un composto omogeneo. Incorporare la farina e formare una palla di pasta. Appiattirla con i palmi delle mani e ricoprirla con la pellicola per alimenti prima di lasciarla riposare in frigorifero per 30 min. Utilizzarla per foderare uno stampo per torte, infornare e cuocere in bianco (vedi p. 99) per 20-25 min.

Nel frattempo preparare una crema Chantilly al mascarpone. Per riuscire a montare bene la panna è necessario che sia gli ingredienti sia la ciotola siano ben freddi. Versare la panna nella ciotola e iniziare a sbattere con la frusta aumentando via via la velocità. A metà lavorazione aggiungere il mascarpone, lo zucchero a velo e i semi di vaniglia e proseguire fino a ottenere la giusta consistenza.

Preparare la torta di compleanno. Quando il fondo della pasta sarà del tutto raffreddato, distribuire la crema Chantilly, poi disporvi la frutta secondo il gusto personale. Conservare in frigorifero fino al momento di servire!

Le piccole mani possono

Rompere l'uovo, separare il tuorlo dall'albume, sbattere con la frusta, modellare e appiattire la pasta, lavare, tagliare e disporre la frutta.

Suggerimenti Potete utilizzare la crema Chantilly subito dopo la preparazione oppure conservarla in frigorifero per alcune ore, dopo averla coperta con pellicola per alimenti. Se avete una quantità eccedente di pasta frolla, utilizzatela per preparare dei biscotti con gli stampini (cottura 12 min al massimo).

Torta nuvola al cioccolato

PREPARAZIONE: 30 MIN
COTTURA: 45 MIN

PER LA TORTA
30 g di farina
30 g di maizena
1 bustina di lievito (senza fosfati)
3 uova
60 g di zucchero a velo + la quantità necessaria per lo stampo
1 cucchiaino di aroma alla vaniglia
Un po' di burro per lo stampo

PER LA COPERTURA
200 g di cioccolato fondente + qualche scaglia
125 g di panna acida
1 manciata di nocciole tritate
Qualche dolcetto al cioccolato

Preriscaldare il forno a 140 °C. Imburrare uno stampo da soufflé di circa 16 cm di diametro e cospargere di zucchero a velo.

Preparare tre ciotole: la prima con la farina, la maizena e il lievito passati al setaccio; la seconda con i tuorli d'uovo sbattuti con 40 g di zucchero fino a ottenere un composto chiaro, al quale si aggiungerà l'aroma alla vaniglia liquido; la terza con gli albumi montati a neve ben ferma, con l'aggiunta finale di 20 g di zucchero.

Le operazioni successive sono semplici ma devono essere svolte rapidamente: incorporare delicatamente e in due riprese il composto a base di tuorli d'uovo agli albumi montati a neve, cercando di ottenere una consistenza soffice e schiumosa; aggiungere sempre con delicatezza e in due o tre volte il composto a base di farina; versare subito il preparato nello stampo e infornare per circa 40 min.

Preparare la glassa al cioccolato: in un pentolino portare a bollore la panna acida, poi unire il cioccolato a pezzetti e amalgamare con una frusta fino a ottenere una consistenza liscia e fluida.

Sformare la torta e posarla sulla griglia del forno. Quando la glassa si sarà un po' raffreddata, versarla al centro della torta e lasciarla colare ai lati, poi spalmarla delicatamente con il dorso di un cucchiaio (o una spatola). Attendere una decina di minuti e decorare con dolcetti al cioccolato, nocciole tritate o scaglie di cioccolato.

Le piccole mani possono

Dosare gli ingredienti, rompere le uova e separare i tuorli dagli albumi, mescolare l'impasto, far sciogliere il cioccolato, decorare la torta.

Variante È anche possibile decorare la torta con una semplice spolverata di zucchero a velo.

Caramelle gommose alla frutta

PREPARAZIONE: 10 MIN
COTTURA: 2 MIN
RIPOSO: 3 H

15 cl di succo, purea o salsa di frutta (a scelta mela, uva, lampone, mirtillo rosso, pesca)
2 g circa di agar-agar (equivalenti a 1 cucchiaino raso)
60 g di fruttosio o 2 cucchiai di miele
Un po' d'olio per gli stampini

Versare in un pentolino il succo di frutta e l'agar-agar. Mescolare e portare a ebollizione. Togliere dal fuoco.

Spennellare di olio (o inumidire) gli stampini prima di versare il preparato alla frutta ancora tiepido, con una pipetta o un cucchiaino. Mettere in frigorifero per circa 3 h prima di sformare molto delicatamente.

Le caramelle si conservano in frigorifero per un massimo di 7 giorni.

Le piccole mani possono

Versare il preparato negli stampini con una pipetta, snocciolare i datteri, modellare le palline e infilare i bastoncini.

Buono a sapersi I bambini si divertono molto a maneggiare la pipetta. Questa attività li aiuta a sviluppare la muscolatura delle dita, la prensione "a pinza" che sarà molto utile per la corretta impugnatura della penna e la motricità fine. Fateli partecipare alla realizzazione di questa ricetta... Ne saranno orgogliosi quando inviteranno a casa i loro compagni di giochi!

Lecca lecca ciocco-cocco

PREPARAZIONE: 10 MIN
COTTURA: 2 MIN
RIPOSO: 3 H

PER LA BASE
1 manciata di noci pecan (circa 100 g)
10 datteri snocciolati e tagliati grossolanamente
150 g di noce di cocco grattugiata
1 cucchiaio di olio di cocco
3 cucchiai di cacao in polvere senza zucchero
1 pizzico di sale
1 cucchiaio di acqua

PER LA COPERTURA
30 g di cocco disidratato
30 g di cacao in polvere
30 g di vermicelli di cioccolato

Mettere tutti gli ingredienti per la base nel mixer e frullare fino a ottenere un composto omogeneo.

Distribuire gli ingredienti per la copertura in tre coppette diverse: nella prima il cocco disidratato, nella seconda il cacao in polvere, nella terza i vermicelli di cioccolato.

Prelevare con un cucchiaino piccole quantità di composto e formare delle palline, poi ricoprirle con il cocco disidratato, il cacao in polvere o i vermicelli di cioccolato. Disporle su un vassoio rivestito con carta da forno e metterle in frigorifero per circa 30 min.

Prima di servire, infilare nelle palline dei bastoncini di plastica o di legno e disporre i lecca lecca in bicchieri alti.

Accorgimento Le "power balls" si conservano in un contenitore a chiusura ermetica posto in frigorifero per più di una settimana e possono essere consumate dai bambini come un sano e gustoso spuntino.

Popcorn al caramello

PREPARAZIONE: 5 MIN
COTTURA: 5 MIN
2 cucchiai di olio di cocco
150 g di mais per popcorn
80 g di zucchero
25 g di burro salato (o di burro + un pizzico di fior di sale)

Scaldare l'olio in una casseruola con i bordi alti. Versare il mais, coprire immediatamente e attendere che i popcorn comincino a scoppiettare. Quando saranno pronti, interrompere la cottura, aspettare ancora per qualche minuto (per assicurarsi che tutto il mais sia scoppiato) e versarli in una ciotola.

Rimettere sul fuoco la casseruola e versarvi lo zucchero e il burro. Mescolare con un cucchiaio di legno finché il caramello non assumerà una tonalità ambrata. Versarlo sui popcorn e mescolare rapidamente con il cucchiaio di legno. Servire in coni di carta alimentare.

una festa fantastica!

RINGRAZIAMENTI

Un grazie immenso a tutti coloro con i quali trascorro del tempo ai fornelli e condivido ogni giorno la tavola, e in particolare:

Gary, per essere un fine buongustaio, amante dei sapori e apprendista cuoco supermotivato;

Gaspard, che vorrebbe mangiare pasta sei giorni su sette ma sa anche apprezzare le ostriche la domenica (non tutto è perduto?), obbligandoci a riflettere su quello che portiamo in tavola e sul nostro modo di elaborarlo;

e naturalmente Fred, per tutto quello che riesce a fare (compresi i 465 andata e ritorno dal supermercato per gli ingredienti mancanti, le tre tonnellate di piatti lavati, le critiche piene di humour sugli esperimenti culinari poco riusciti e i costanti incoraggiamenti!).

Un grazie pieno di tenerezza anche alle signorine Dakota e Lou, che ristabiliscono la parità in questo libro con vivacità, talento e impareggiabile grazia ;) #gogirlgo

La mia profonda gratitudine allo staff della casa editrice che, nonostante la mole di lavoro, gli inevitabili imprevisti, le tergiversazioni dell'autrice, riesce a trasformare queste parentesi dedicate alla scrittura in momenti gratificanti:

Olivia Maschio Esposito, con la quale ho avuto molte piacevoli conversazioni! Dal progetto iniziale alla realizzazione di ogni pagina, la sua energia positiva e la sua costante attenzione impregnano letteralmente questo libro;

Louise Lebert, la fata del Bello, che trasforma tutto ciò che tocca in un capolavoro di armonia;

Élisabeth Boyer per le sue attente riletture e le sue impeccabili riformulazioni!;

Hélène Gédouin ed Élisabeth Darets-Chochod, per la loro straordinaria capacità di affinare lo stile degli autori in un clima di comunicazione positiva.

Vorrei anche ringraziare le due talentuose fotografe per le molte belle immagini contenute in questo libro:

Sandra Mahut e le sue collaboratrici Emmanuelle e Juliette, che hanno saputo trasformare i nostri semplici piatti quotidiani in pietanze estremamente attraenti e appetibili!;

Lois Moreno, che ha saputo catturare i momenti di intensa concentrazione dei bambini e le loro folli imprese in foto piene di luce, di poesia, di vita!

Un grande grazie a Florence Servan-Schreiber, Philippine Courtier, Jérôme Prado e Jérémie Lafraire per i loro illuminanti chiarimenti sullo sviluppo e sui meccanismi di funzionamento del cervello umano e per la loro capacità di condividere le loro conoscenze con semplicità e umorismo!

Nel centro delle grandi città si nascondono piccoli villaggi! Ringrazio sentitamente i negozianti del quartiere di Ainay, a Lione, per la loro generosità e il buon umore, in particolare:

Marc Dechen, che ci ha offerto una straordinaria accoglienza e il miglior arredamento possibile nelle cucine Bulthaup;

Le Bar à Linge, le cui tovaglie e grembiuli in lino accompagnano con i loro colori le nostre proposte di attività;

Audrey Vernat di Little Petits Gâteaux, per i suoi consigli di pasticceria e i suoi deliziosi cupcakes!;

la simpatica équipe di La Vie Claire per il suo sostegno e le foto dei bambini "in real life";

Jean Markarian del Café des Voyageurs, per le nostre conversazioni in cucina e la sua capacità di far amare ai piccoli chef le barbabietole e il grasso del prosciutto;

Fred Bello della macelleria Bello, per i consigli sulle ricette e la passione per i prodotti sani e gustosi;

Catherine, del Café Bourbon, e Thierry e Thomas Ponson dei ristoranti Thomas per i 287 accessori di cucina che ci hanno gentilmente messo a disposizione.

INDICE DELLE RICETTE

Piatti unici

Dessert

Spuntini/Merende

INDICE DELLE ATTIVITÀ

Dai 3 anni e 1/2

Dai 4 anni

Dai 4 anni es 1/2

Dai 5 anni

Per tutti

MATERIALE DA RITAGLIARE

1
2
3
1
1
1
1
1
1
2
1
2
1
2

uovo

tonno

spinacio

xères

wasabi

vaniglia

0

zucchero

yogurt

1
1
2
3
1
2
4
5
6
1
2
7
8
1
2
9

3

2

1

6

5

4

9

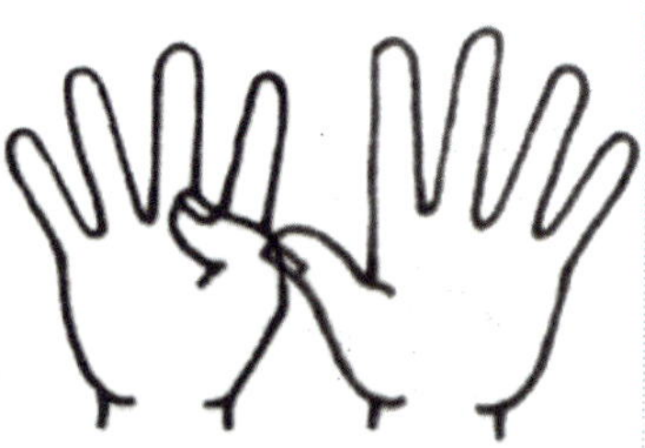

8

7

1

2

3

4

5

6

7

8

CARTE DEI NUMERI

10

9

ETICHETTE DEI SAPORI

semini 

piccante 

semi 

amaro 

nocciolo 

dolce 

acido 

salato 

Disegnami un pesce

Questo libretto educativo appartiene a

....

la pinna caudale

la pinna dorsale

le branchie

la linea laterale

la pinna pettorale

la pinna ventrale

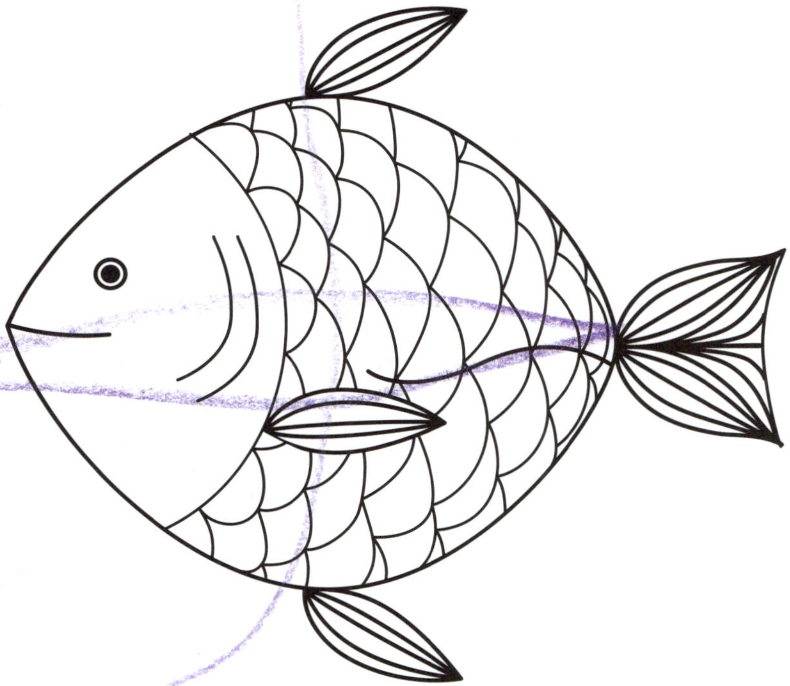

il pesce

le scaglie

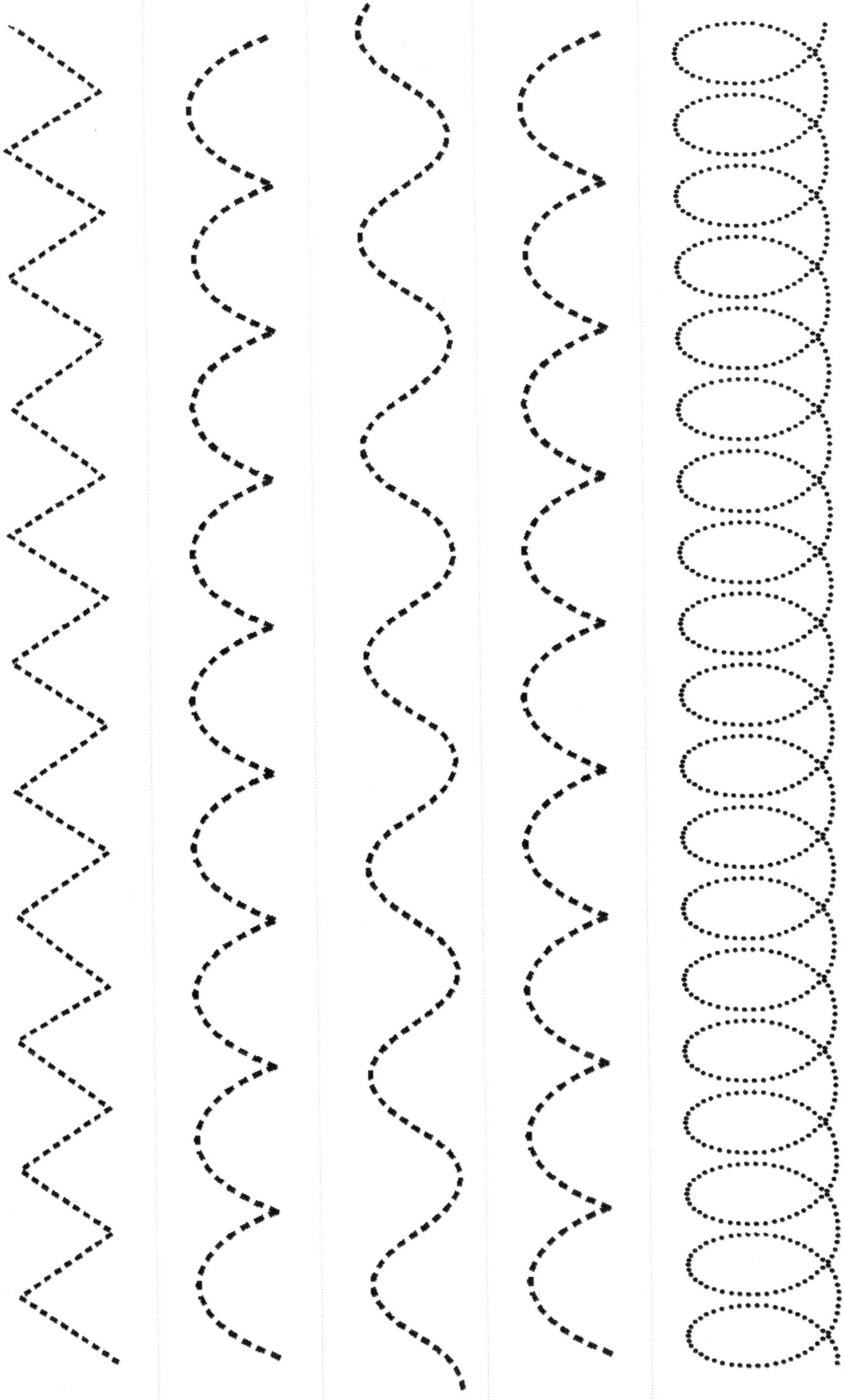

lavanda

pepe

limone

caffè

cioccolato

aglio

vaniglia

menta

cannella

SCOPRIRE LE LETTERE E IL LORO SUONO

Esempi relativi alla cucina: albicocca, ananas, anguria, arancia, avocado – banana, barbabietola, broccolo – caffè, carota, cetriolo, cipolla – dattero – fagiolino, fava, fico, finocchio, fragola – igname, insalata – kiwi, kumquat – latte, lenticchie, litchi – mais, mandarino, mandorla, mango, melagrana – noce di cocco – oliva – pane, pera, pomodoro, prosciutto – rapa, ravanello, ribes, riso – salvia, scalogno, scorza, sesamo, spinaci, succo – timo, topinambur – uva – vaniglia – yogurt – zucca